知里《ちり》幸恵《ゆきえ》
十七歳のウエペケレ

藤本英夫 著

旭川区立女子職業学校入学時
大正六年（十四歳）Ⓐ

明治四十三年頃（七歳）Ⓑ

上京時、大正十一年（十九歳）Ⓒ

知里幸恵《ちりゆきえ》——十七歳のウエペケレ　■目　次■

登別ハシナウシの丘に眠る幸恵の墓。金成マツの碑と並ぶⒼ

幸恵の母校・旭川北門中学校校庭に建てられた知里幸恵文学碑（彫刻・空充秋）Ⓗ

祖母モナシノウクⒹ

帰郷する伯母金成マツの引越しを手伝いにきた母ナミ（右）と　昭和二年十月一日　旭川にてⒺ

両親あて書簡（旭川発信）大正九年五月十七日Y５Ⓕ

凡　例

一、文中の傍点はすべて著者が付けた。
一、掲載資料の文字、文言は原資料のままとした。
一、現存している知里幸恵の手紙には、早いほうから順に、Ｙ１、Ｙ２…と番号を付して文中に引用した。金田一京助の手紙も同様にＫ１、Ｋ２…を付し、巻末に一覧表を掲載した。
一、引用資料の行頭数字は、その掲載されたページ数と行数。
一、巻末掲載資料の２、３、４の標題は、引用の便のため著者が仮に付した。
一、資料番号の２、３、４、５、９は、知里幸恵の行配り通りとした。

◎この本は目次通り（ページ順）ではなく、興味のあるところから読まれても結構です。知里幸恵が初見なかたは、18または、16、13、１などの順に読まれるのも一興かもしれません。

ぷろろーぐ

「銀の滴降る降るまはりに、金の滴
降る降るまはりに。」と云ふ歌を私は歌ひながら
流に沿つて下り、人間の村の上を
通りながら下を眺めると
昔の貧乏人が今お金持になつてゐて、昔のお金持が
今の貧乏人になつてゐる様です。
海辺に人間の子供たちがおもちやの小弓に
おもちやの小矢をもつてあそんで居ります。
「銀の滴降る降るまはりに
金の滴降る降るまはりに。」といふ歌を
…………
…………

（知里幸恵『アイヌ神謡集』大12・8　郷土研究社版より）

最近はこの詩、耳にする機会が多くなった。若い人のなかには、ここ十数年、中学校の国語教科書に載っているので思いだす人がいるのでは……。

『声に出して読みたい日本語』(斎藤孝　草思社)という、よく売れている本がある。そのなかの「物語の世界に浸る」の章に、川端康成「伊豆の踊子」、紫式部「源氏物語」、芥川龍之介「蜘蛛の糸」などと並んでこの一節がある。それをみたとき、私は嬉しくなった。この詩を世におくった、〝知里幸恵《ちりゆきえ》〟という女性の生涯を長いあいだ追いかけてきていたので——。

知里幸恵《ちりゆきえ》は、北海道登別生まれのアイヌの女性である。

明治三六年(一九〇三)六月八日生まれ(戸籍上)、大正一一年(一九二二)九月一八日、一九歳三カ月で夭逝した。明年(二〇〇三年)は生誕一〇〇年であるが、彼女の著書、『アイヌ神謡集』(大正12・郷土研究社)発刊八〇年とも重なる。ここに掲げた詩は、その本に収められた最初の「梟の神の自ら歌つた謡『銀の滴降る降るまはりに』」の冒頭部分である。

『アイヌ神謡集』は菊半截判(A6判より少し大きい)の小さい本であるが、本文一二二ページ、一三篇のアイヌの神謡が収められ、巻末資料1のように左側ページにアイヌ語がローマ字、右ページにその一行々々が和文対訳されている。

この本は、発刊後、間もなくからしばらくは、入手困難な〝幻の本〟になっていたが、昭和四五年(一九七〇)、札幌の弘南堂で、ついで昭和五二年、岩波文庫で復刻されてからは、全国の書店に安価で並んでいる。

幻は『アイヌ神謡集』だけでなかった。著者の知里幸恵も、私が、昭和四八年（一九七三）『銀の滴降る降る』（新潮選書）で紹介するまでは、一族以外、アイヌ研究者にさえ顧みられていなかった。私は、その後にも、彼女の評伝を改訂してきた（草風館・一九九一年）が、最初に手掛けてから三〇年たつ。当然、私も年齢を重ねた。考え方も変った。それに、資料の読み込みも深くなってきた。それにつれて、私は、もう一度、彼女に挑戦したくなり、彼女を主人公に、そのまわりの人々の物語を書くことにした。

彼女は死の前に、表紙に『日誌帳』、「大正十一年六月一日以降」と書いた小さい手帳を遺していた。それには約八五ページ中二八ページの「手控え」がある。

そこには私の知らない〝人間・知里幸恵〟がいる。

読むと、誤字・脱字もある。推敲もしていない。これは人に見られることを予想したものではなさそうだ。

しかし、彼女の評伝を改稿したい私は、これを借りたいと思った。

新しい〝知里幸恵〟に近づくためには、どうしてもこれがほしい。他人に読まれることを予期していなかった彼女を思うと、ためらいながら、まことに勝手なことだが、詫びながら、巻末に資料として掲載した。

例えば次も、私の知りたい知里幸恵がいる「手控え」の一部である。巻末掲載の資料と重複するが、読んでいただきたい。「A様」というタイトルは、便宜上、彼女の1行目から借用した。

「A様」（資料2）

75P
1 A様　初秋の風が青葉を
2 渡ってそよ〱と梢々を揺るがせる
3 頃になりました。
4 同じ学窓に学び雪まだ
5 消えぬ　消えやらぬ三月に涙して
6 お別れ致しましてから早や三年
7 秋はこれで三度訪れ
8 ます。其後級友の
9 どなたにも殆どおたよりを
10 承ったこともございませぬが
11 定めし御壮健で幸多き
12 日々をお送りの事と存上げ

13　ます。A様、かく申し上げる
14　私を貴女はたやすく
15　貴女の名はたやすく
16　貴女の御記憶にあらはれ
17　出されませう。何故なら
18　私はほんとうに学校
19　でも特別な生活

72P
1　生徒でしたから。
2　在学三ヶ年間、私はどなた
3　ともしんみりとした友情
4　を持って語りあったことは
5　ございませんでした。だから
6　卒業後の今は学友のう
7　ちから真の知己という
8　人を私は持ちません。
9　雨雪のちら〳〵降る日、

10 雨がそぽ〳〵と降る朝、
11 私は一人教室の
12 唾や気□
13 それは当前のこ□
14 あたまへりの事です。貴女方
15 には何うしても私といふもの〻
16 心持ちわかっていたゞけなかった
17 のです。そして私も貴女方
18 に親しみを持って私の心持を
19 知っていたゞかうとお話申げる

73P
1 ことが出来なかったのです。
2 ですから貴女方と私の間には目
3 に見えない厚い壁が築か
4 れてゐたことを貴女方は御存
5 じなかったでありませう。
6 A様　何卒しばらくおきき

7　下さいませ。私の生ひたち
8　さう申しましても、別に世の人と
9　変ったことありませんでした
10　□の母　□の母の港の　温い□の母
11　のふところに育まれ、
12　五つ六つの頃は年老ひた
13　祖母とたった二人で山間の
14　畑にすみ、七つの時旭川の
15　伯母の所へ参りまして、
16　御存じ近文部落アイヌ
17　小学校に学びそこで
18　尋常小学科をへて
19　くやしい…さう思う私の
20　生活は実に学校

読むと、いつ、これが書かれたかに迫ることができる。

「75P4～7行」に、「学窓…三月に涙してお別れ…秋はこれで三度訪れ」とある。知里幸恵の旭川区立女子職業学校卒業は、大正九年（一九二〇）三月だから、それから三度目の秋、それも1行目の「初秋」は、大正一一年の、ということがわかる。彼女は、この年の九月一八日死を迎えているから、それより三週間たらずの前に、これを書いたわけで、手紙を除くと、彼女の絶筆ということになる。

「A様」には、級のだれかれの顔がたくさん重なっていたことであろう。

「73P15」の「伯母」は、バチラーに導かれて聖公会の伝導婦になった金成《かんなり》マツのこと（2節系図参照）。また「73P13」の「祖母」は、マツの母・モナシノウク（口絵写真Ⓓ）で、金田一京助《きんだいちきょうすけ》が、「私が逢ったアイヌの最後の最大の叙事詩人」（「近文の一夜」）と絶賛した人だ。

マツは、母が伝承していた金成家のアイヌ・ユーカラを流麗なローマ字で七十数冊のノートに筆録、昭和三～一九年（一九二八～四四）、金田一京助《きんだいちきょうすけ》あてに送っていた。その一部は金田一訳で、『アイヌ叙事詩ユーカラ集』（三省堂）のなかに収められている。幸恵も、モナシノウクやマツから聞いたアイヌの口承文芸を筆録、大正一〇～一一年（一九二一～二二）金田一あてに送り、彼女の『アイヌ神謡集』はこれがもとになったものである。

マツは大正七年、金田一に初めて会ったとき（10節「近文の一夜」）、「幸恵は、お婆ちゃんっ子なものですから大人も及ばないユーカラをやる」（注1）と話している。

知里幸恵理解は、この「お婆ちゃんっ子」がキーワードであることが、遅まきながらようやく私は、最近、理解できるようになった。つまり、幸恵の「お婆ちゃん」＝モナシノウクという人は知里幸恵が形成されるうえでの欠くことのできないキーパーソン、だったことになる。

私のこの本は、知里幸恵の生涯における、モナシノウクの意味をさぐることにもなる。

このように〝新しい知里幸恵〟を考えていたある日、私は、幸恵の姪の横山むつみさんから、こんなことを聞かれた。

「幸恵おばさんやマツお婆ちゃんのノート、どうして私たち、知里家、金成家の手の届かないところにあるんでしょうね」と。

私はドキリとした。

むつみさんは幸恵の弟・知里高央の娘である。彼女は祖伯母・金成マツ、伯母・知里幸恵、二人のノートのことを言ってるのだ。

二人のノートには、北海道登別地方に伝えられたユーカラが記録されているが、ともにアイヌの女性が、自分たちの口承文学を自らの手で記録した大金字塔だ。

その後、曲折を経て現在、マツノートは北海道平取町二風谷アイヌ資料館（萱野茂館長）に、幸恵ノートは北海道道立図書館にそれぞれ保管され、両方とも一部は、北海道教育委員会により和訳されている。

むつみさんは、ノートの現在の保管場所は知っている。けれども、金田一家にあったものがどうしてそこにあるようになったか、詳しい事情を知らない。

最近、自分で、自身の歴史を辿ろうとして彼女は、祖伯母・マツ、伯母・幸恵のノートを直かに見たくなってきたのだ。

私は、彼女の、そういう胸うちからの問いかけを耳にしたとき、どこから応えればいいのか、すぐ声がでなかった。

1　東京で死んだアイヌの少女

『アイヌ神謡集』が、昭和五二年（一九七七）、岩波文庫で復刻されとき、北海道新聞は同年八月二六日のコラム「卓上四季」で次のように取り上げた。

《銀の滴　降る振る　まわりに、金の滴　降る振る　まわりに》という美しい詩句は、いわゆるアイヌ研究者だけでなく、もうかなり多くの道民に知られているのではないか▼この傑作を巻頭に飾った知里幸恵編訳「アイヌ神謡集」が、岩波文庫で出た。大正十二年、東京で出版されたこの本は、一般愛書家にとっては久しく幻の書であった。昭和四十五年、札幌弘南堂書店から再版されてやっと手にした人も多いだろう。それがいま、大方の喫茶店のコーヒーより安い、星二つ・二百円で手に入るのである▼著者の知里幸恵さんは、大正十一年九月十八日、東京の金田一京助博士の家で、この「アイヌ神謡集」の校正を終えたあと、持病の心臓病が悪化し急に亡くなっている。行年十九歳三カ月、薄幸のアイヌ乙女だった。「分類アイヌ語辞典」など数多くの業績を残し、昭和三十六年に亡くなった知里真志保北大教授のお姉さんである。（後略）

アイヌの神謡を知里真志保は、アイヌ口承文学のなかで次のように位置ずけている。

- アイヌの物語
  - 韻文物語（詞曲）
    - 神のユーカラ（神謡）
      - カムイユカル（自然神謡）
      - オイナ（人文神謡）
    - 人間のユーカラ（英雄詞曲）
  - 散文物語（酋長談）

幸恵の『アイヌ神謡集』は、この分類のカムイユカル（自然神謡）にあたる。

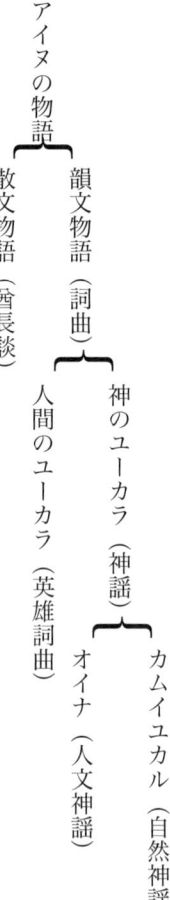

カムイユカルは、主人公の自然神、クマやオオカミ、キツネ、トリカブトや火、風などが自分の体験を短かく語る形で展開される。対してオイナ（人文神謡）は、主人公が自然神から人間の始祖・アイヌラックルに変わり、人間に害を与える魔神どもを懲らしめ、人間生活の基礎を固める、つまり、神々は人間の幸福のために協力する物語である。二つをあわせて「神のユーカラ（神謡）」という。

「神のユーカラ」に対して「人間のユーカラ（英雄詞曲）」は、「いわゆるふつうにユーカラといわれ、人間の英雄が主人公で戦争と恋愛のロマン」であって、この分類のそれぞれ形成の時期を、知里真志保は、アイヌの歴史の流れに対応する、と考へ、考古学者の意見を借りながら、カムイユカルは縄文時代晩期（約三千前中心の千年間）、そして人間のユーカラは擦文時代の頃（千年前中心の五百年間）、と考えた。

以上のユーカラ——韻文物語に対して、散文物語は「ウエペケレ」とか「ツイタク」といわれ、「昔話」と訳されているが、日本民俗学でいう昔話とは違い、コタン（村）のリーダーの体験談であり、江戸時代のじっさいの物語を元にしている、とした。

ところでこの文庫が出たとき、興味深いことがあった。岩波文庫は、表紙の帯を五色に色分けされている。黄＝国文学、緑＝近・現代の日本文学、赤＝外国文学、青＝宗教・教育・歴史・自然科学、白＝法律・政治・経済・社会、である。それで『アイヌ神謡集』は、赤＝外国文学で売り出されたところ、朝日新聞が一〇月九日、一二面トップ、広いスペースに、「アイヌ文学　日本文学か外国文学かで論議」と何人かのコメントを並べて話題にした。

日本列島に住んでる人間集団を考えるきっかけにもなる、と私は思ったものだが、論議はいつの間にか消えてしまった。

「ぷろろーぐ」に書いた横山むつみさんからの問いかけは、平成一二（二〇〇〇）年四月初め、私が、洞爺湖の洞爺温泉病院に脊髄梗塞治療でリハビリ入院中、夫妻で見舞いにきてくれたときのことである。

病室の窓からは、数日前に噴火した有珠山の噴煙が湖面越しに見えていた。湖面に映る噴煙の影は、それだけを見るかぎり平和な一幅の絵だった。

「噴火の音が聞こえないのでのどかですね」

横山氏が窓の外に目を向けて間をとってくれた。

噴煙が、湖面をわたってこっちの高台に攻めてくる。病院は、洞爺湖のカルデラ北側斜面の高台に建っている。噴火口は湖を超えて約一一キロ南にある。濃い、黒っぽく焼けた重い噴煙が、湖面を舐めるようにして、こっちの高台を攻めてくることがある。そんなときは、あたりが薄暗くなり気温がさがり、傍に人がいても怖くなる。

「シゼン、って、スゴイもんですね――」

横山氏の声。

むつみさんに応える言葉を捜していた私は、そのとき、三十年以上前、発掘調査した有珠山南側裾野にある縄文時代の終りの遺跡を思い浮かべた。彼らも有珠の噴火を見て暮らしていたのだ。私は、遺跡の近くのアイヌの老人からこんな話を聞いた。

「エカシ（長老）たちは、山の煙が多いとき、カムイ（神）の気を静めるように、ホーイ、ホーイと祈っていた……」

私の頭を走るものがあった。

（そうだ、あのノートは、まず、金成家・知里家のものでないのか―）と。

そして私は続けた。

「あのノートは、何百年も何千年も伝えられてきた金成・知里家の歴史だったんだ、ノートはむつみさんたちのところにあるべきなんだ――たとえがちょっとトッピだけど、もし、紫式部の『源氏物語』の原稿が発見されて、正当な紫式部の子孫がいたとしたら、国は、国宝だから、と言って、子孫にことわりなしに国有にできるだろうか。法律的なことわからないが著作権とは違うナニかがあるような気がする――」

むつみさんに問われて、私がドキリとしたのは、そんな盲点を衝かれたからだったかもしれない。

「必要があれば、研究機関、研究者は複製すればいい……」

自分の体内に金成・知里家の長い歴史が流れている、むつみさんは、何回もうなずいていた。

私は、二五年前のある場面を思い出した――。

昭和五〇（一九七五）年九月、幸恵の命日の数日前の一四日、私は、彼女のお墓の改葬のため、東京雑司ケ谷霊園にいた。

お墓は霊園墓地台帳にこうあった。

「知里幸恵　死因　心臓麻痺　死亡年月日　大正十一年九月十八日午後十一時　アイヌ人

引取人なし　墓の所有者　東京市　金田一京助」

金田一京助とは昭和四六（一九七一）年一一月、八九歳で逝った言語学者、アイヌ研究者、その人だ。

私は、幸恵評伝を書いた(新潮選書)関係で、改葬のとき、「伝記を書いたことだし、墓の発掘に慣れてるだろうから……」と、幸恵の義妹の佐藤ミサオさんから手伝いを頼まれたのだった。「墓の発掘に慣れて……」というのは、その頃、私は縄文時代の葬制をテーマに、古い墓の発掘をしていたからである。

私は、台帳の「引取人なし」にひっかかった。金田一と親しい山田秀三氏（一八九九〜一九九二）に、「どうしてか?」と聞いたことがある。こう語っていた。山田は、アイヌ語地名研究で京助の弟子を自負した人である。

「当時、遺体のまま登別まで送ることは難しかったし、九月といえばまだ東京は暑い、彼女の両親の上京を待つ、遺体の保存技術はなかった。それで、一時寄寓の幸恵さんの葬式と埋葬の許可をスムーズにとる方法が《引取り人なし》だったのでは……。法律的なことは知らない先生のこと、わけ知りの誰かが相談にのった、と思う。長い失職時代からこの年六月、ようやく国学院大学の教授になった四〇歳の京助先生には、雑司ケ谷の墓地購入はかなりの出費だったはず……」と。

改葬の日、東京は朝から快晴、晩夏とはいえない陽の暑さだった。

彼女の墓は、縦横の通路で碁盤の目に区画された霊園の一郭、短冊状の三坪ほどに立っていた。高さ二m近い墓石の表面には、五十数年の風雪を刻む剥落がみられた。

霊園事務所の人の手際のいい、改葬前セレモニーのあと、墓碑の下、約二m四方を掘り進む。土は黄褐色の水はけのいい関東ローム、さらさらと掘りやすかった。汗が出る。一・五mほどの深さで、灰褐色のきれいな骨が見えてきた。

頭骨だった。

上から見ている佐藤ミサオさんに知らせる。彼女は、火をつけた香を掘り上げた土に立てた。香のかおりが墓壙の空気を柔らかく包む。五二年前の人に私は合掌した。

再び炉ぼうきで土を払う作業をすすめる。

あたりを忘れる、こういう時間はいいものだ。自分だけの世界に没入できるから。やがて、骨格ぜんたいが姿をあらわした。

膝が腹部近くにあった。両膝を折り曲げて、そのまま左に傾いて寝ていた。背骨、頸骨の上に頭があった。丸いお棺で座葬だったらしい。手・足の骨が一節一節、順序が乱れずに並んでいた。解剖学教室の人骨標本を見るようであった。

私は、大きくひと息して、上半身の汗を拭う。

そのとき私は、北海道新聞社のアイヌ問題担当の女性記者からの電話質問を思い出した。

「知里幸恵という人、金田一京助の子供を妊娠していたという話がありますが、ほんとでしょうか……？」

幸恵が生きた時間の六〇パーセント以上を過ごした旭川での、老アイヌ女性の話、という。私は、幸恵伝の取材は綿密にしたつもりだ。そんな噂は聞いたことがない。取材漏れか……。

私は送話器に向かって応えた。自分の声が不機嫌になるのがわかった。

「妊娠には一定のプロセスが必要ですよね、幸恵が亡くなるまでにあの二人に、そういう時間、残念ながらなかった。私なんか俗っぽいので、あんなに若くて死ぬんだったら、そういうことあってよかったのに、と思うことありますけど……」

記者の電話の声色には、そうであってほしい、願望が見え見えだった。アイヌ問題が騒がしく、金田一京助はもう故人になっていたが、新左翼から激しく糾弾されていた頃のことである。

私は有珠山近くで、三千年前の縄文人の貝塚で、骨盤あたりに胎児骨をもつ成人女性の墓を発掘したこともある。解剖学者は七〜八カ月の胎児、と言っていた。

雑司ケ谷の関東ロームを掘りながら、私は有珠の縄文墓の胎児骨を思い浮かべたが、そんなことを思った冒涜を彼女に詫びた。

後頭部のあたりに櫛があった。ミサオさんが、「幸恵姉さんが好きだった櫛……」と言った。鼈甲だった。艶が失われている分、細かい細工が落ち着いてみえた。櫛の主の声が聞こえそうな気がした。骨を収めたダンボールを抱えて墓壙からあがる。遠くでカラスの鳴く声が聞こえた。

骨は新宿火葬場に運ばれた。都会の火葬場の火力は強い。私は、焼くのはかわいそう、このまま故郷の登別に帰ってもいいのに、と思った。

幸恵は、新しい箱に収められて、金田一春彦氏からミサオさんに渡された。墓地所有者は京助の死後、長男の春彦氏に代わっていたのである。

「ああ、これでオレの役目が終った」と、ほっとしたとき、ミサオさんが私に言った。

「あんた、これで帰ってちょうだい。私は、春彦先生から、幸恵姉さんの遺品、貰うことになっているから……」

私は、昨日、ホテルでの打ち合わせの終り頃、いつもと違う歯切れの悪いミサオさんの口を思い浮かべた。「春彦先生から、道立図書館にいった以外のノートを貰うことになっている……」と。

オレがいてもいいじゃないか、そう思いつつも、私は悪い後味を残して火葬場をあとにした。

その二年後、私は講談社の『日本民俗文化大系』全一二巻の一つに「金田一京助」を書くことになる。出版社は別の執筆者を用意していたが、春彦氏が私を推薦した。執筆中、何度か会った春彦氏は、あるとき、私にこう言われた。

「父京助は、アイヌのことは家族以上に大事にしていたから、アイヌ問題で厳しく糾弾される声を聞かずに死んだのは幸せだったと思う。〝アイヌのものはアイヌに返せ〟と、あちこちから言ってきた。アイヌのことがわからない私は、マツさんや幸恵さんのノートは、父の図書やアイヌ資料の整理をしていた京助の秘書のNの意見に従った……」

Nには私も二、三度会ったことがる。

これで私は、京助の死後、マツノート、幸恵ノートが「ぷろろーぐ」で触れた場所に保管されるようになったいきさつを直接聞くことができたわけだが、ノートの移動は、幸恵の墓改葬より九カ月ほど前、昭和四九年暮れのことであった。

春彦氏はこうも言っていた。

「幸恵さんの資料については、どういうわけか、Nから、彼女の伝記を書いたあなたに見せないように、厳しく言われていた。で、あの改葬のとき、あなたには申し訳ないことをしてしまった……」と。

春彦氏も新宿火葬場でのことを気にしていたことがわかって私は納得したが、若いNが、関心分野が違う私に、そんな意識を持っていたのか、と苦笑がこみあげてきた。

ミサオさんが春彦氏から受けたものには私が見たいものがたくさんあった。幸恵の日記、雑記帳、手紙など。ミサオさんは改葬後、しばらくして、「あんたに見せないように、Nさんから言われてたのだけどもういいと思う。姉さんの手紙、あんたが絶筆と考えてた、あれのあとにもう一通あった……」と、ていねいに包んだ風呂敷を解いて見せてくれた。

封書だった。幸恵は「九月十四日」と死の四日前の日付けを書いているが、消印は「本郷 11・9・15」と押されていた。投函され、登別の両親のもとにあるべきものがなぜ金田一家にあったのか、ふしぎだった。が、そのことは後に金田一が、『婦人公論』（昭12・三月号）に載せた「胸うつ哀愁！　アイヌ天才少女の記録」でわかった。

（前略）幸恵さん、私の家で、いざとなれば死ぬ覚悟も出来て居たやう、日記を見てもその様子がわかるが、お父様の方へ送った手紙にもその様子が見え、最後の手紙などは、「左様なら！」に読めてしかたなかったさうだから、こちらから、電報が行く前に、お父さんは、幸恵は死ぬんではないか、死ぬんではないかと云ひ云ひして居られたと云ふ。（後略）

車中、父の高吉は、「最後の手紙」（Y17）を読み読みしながら娘を迎えにいったのだろう。金田一はそれを見せてもらい、後で返そう返そうと思いながら、返しそびれてしまった。それが五十数年たってミサオさんの手にもどされた——。

私は、「最後の手紙」を丹念に読みながら、京助先生の書庫を見せてもらったときのことを思いだした。

京助が死んだ翌年の昭和四七（一九七二）年だった。私は、知里幸恵の伝記取材中、彼女の日記やノートが見たくなる。

そういうものは、幸恵が五カ月近く寄寓していた金田一京助のところにあるはず。が、三度ほどしか会ってない春彦氏に気安く、「見せてほしい……」とは言えない。で、金田一家と昵懇の山田秀三に仲介をお願いした。山田からこう伝えられた。

「あなたも知っている秘書のNがうるさいので、春彦さんはあなたが書庫をみている間、茶の間で仕事してるが、気兼ねしないように、ということだった……」と。

京助の家は、春彦氏の子息夫妻が住んでいた。

書庫を見せてもらったのは九月三（日曜）～四日（月曜）の二日間、暑い日だった。もう少し見たかったが、多忙な春彦氏が仕事しながら母屋でつきあってくれてる、と思えば、それ以上はできなかった。

書庫は、京助の同郷の盛岡県人会が資料の散逸をおそれて建てたもので、大きくはないが、檜の香が匂う新しい総二階だった。

八割がた整理されていた。書庫の空気に人の温もりが感じられなかった。生前の京助の書斎の、雑然としたあたたか味がなかった。背表紙が破れた、古い全集ものはどこにいったのか、そんなことを思いながら、幸恵の日記とノートを捜した。が、大きなジグソーパズルの小さいピースを捜すより面倒だった。

私はノートを諦めて、手紙の入っているダンボールの箱の蓋を開けた。冷蔵庫、大型テレビの空箱が三つあった。葉書、破れた封書がごちゃごちゃに折り重なって入っていた。土岐善麿、山本有三たちのは当然として、岸信介など思いがけない政治家の手紙まで、まるで、日本の近・現代史が詰めこまれた感じ。なかにバチラー・八重子や金成マツからのが何通かあった。

目的に近い人の手紙の発見で、目当てのものが見えない落胆が少し埋め合わされた。借用してコピーしたいものを選んで、二階から下りる。と、階段の斜めのかげ、死角の暗がりだまりの棚の上に何かが見えた。

平積みされた幸恵の数冊のノートだった。

初めて目にする幸恵の肉筆。涙がこぼれそうになった。何回かその階段を上下したのに、どうして目につかなかったのか。ノートが孤独に見えた。私の目を、そこに誘った誰かがいるような気がした。

一冊、一冊、見ていく。

日記はなかった。

『アイヌ神謡集』の最初の神謡が載っているノートがあった。

が、私は自分の目を疑った。

違うのだ。親しんでいる、あの有名な和訳の一行目と二行目、

銀の滴降る降るまわりに
金の滴降る降るまわりに

が、

あたりに　降るふる　銀の水
あたりに　降る降る　金の水

と、なっている。何回も見直す。やはり違っていた。アイヌ語のローマ字部分は同じなのに。

いったいどうしたことか。

表紙を見る。「其2」「Ainu Upashkuma」「神謡集原稿」「Ykkiye」とあるが、傍点の文字は別人の筆だ。金田一の手か。ローマ字部分は本人のだ。Upashkumaは「語り伝える、先祖の話」という意。

ノートにはユカラが四編記録されていた。

幸恵が金田一に送ったノートの順番を頭においてみると、これは、大正九年一〇月に送ったもので、『アイヌ神謡集』そのもののノート原稿ではない。

私は、しばらく座りこんでノートから目を離すことができなかった。

やっぱり日記はなかった。日記には、金田一京助と知里真志保の師弟関係崩壊の因になった、というわくがある。見たい。だが、ない。どうしてここにないのか。

春彦氏は、あとで手紙で、「もっと捜せばみつかったかも知れない」と、慰めてくれたのが嬉しかった。

昭和五〇年九月、知里幸恵の墓は東京雑司ケ谷霊園から、ミサオさんにより、北海道登別市の郊外の市の霊園に無事、改葬された。海の見える丘である。

改葬された幸恵の墓は、霊園の中央より奥の方にある。そこには、知里家の墓碑群が肩を寄せ合っている。

幸恵の墓は、その一群のなか、おば・金成マツと並んでいる。マツの十字架の墓碑は遠くからでもすぐわかる。私はいつもそれを目標にしていく。幸恵のは、改葬前の雑司ケ谷にあったのとそっくりの和風だ。ミサオさんが、雑司ケ谷のを登別に運び、それを模してつくらせ、前のものは、新しい墓碑の下に遺骨とともに埋葬した。（口絵写真Ⓖ）

かわいがってくれた肉親や、幼いとき遊んだ従姉妹たちの墓も近くにある。生れ故郷の登別に連れ帰り、マツおばや両親の高吉・ナミといっしょのところに葬ってやりたい、と願っていたミサオさんの心情がうかがえる。

そのミサオさんもいまは懐かしい人たちに仲間入りしたが……。

刻まれた墓碑銘には、江戸時代末期に生れ、明治、大正に死んだ人が何人もいる。その頃は、葬式も墓もアイヌのしきたりだったが、いまは和風の墓碑の下に眠っている。このことを誰もふしぎに思わない。

私は幸恵の命日の前後の墓参のとき、最近は、彼女の遺稿集『知里幸恵遺稿　銀のしずく』(草風館)を持っていく。それには、彼女の手紙、日記がおさまっている。死の四日前に書いた「最後の手紙」も載っている。

「最後の手紙」には、診察を受けた医師から、「結婚不可」の宣告を受けたことが書かれていた。

実は、幸恵には許しあった恋人がいた。村井曾太郎という。旭川より少し北の名寄のナイブチコタンの農家の息子だった。幸恵は上京前に仮祝言をあげ、一カ月ほど村井の家で生活していた。だから、この宣告は、彼女には無惨きわまりない痛恨なことだったろう。

この年、東京の夏は例年より暑く、高温続き、彼女の体力は衰弱していた。

（前略）去る七日、私は名医の診断を受けました。（金田一）先生と同郷で中学の同級生、今は九州帝国大学教授医学博士（中略）の小野寺という博士がお座敷で丁寧に診て下すって診断書をおいていらっしゃいました。奥様もみてお貰いになりました。奥様はどこもお悪くない、ただ気持ちでなほるさうです。私の方はやっぱり心臓の僧帽弁狭さく症という病気で、其の他には病気はありません。呼吸器もいいさうです。そして前の坂口博士が仰った様に、無理を少しすれば生命にかかはるし、静かにさへしていれば長もちしますって。診断書には、結婚不可ということが書いてありました。何卒安心下さい。（後略）（Y17）

この手紙のあることを、昭和四八（一九七三）年一一月、新潮社刊の知里幸恵伝の頃、私は知らなかった。彼女には、ほかにも両親あての手紙がたくさんあるが、この手紙にはいつもと違う彼女の大きいため息がある。傍点のような条件で生命の長さを計らなければならない息づかいが聞こえてくる。「結婚不可」の四文字をどんな気持で彼女は目に納めたろうか。

彼女は、こんなことを、曾太郎のことに反対している母・ナミ宛ての手紙に、できれば書きたくなかったろう。「何卒安心下さい」にはそれがある。

（前略）私は自分のからだの弱いことは誰よりも一番よく知ってゐました。またこのからだで結婚する資格のないこともよく知ってゐました。それでもやはり私は人間でした。人のからだをめぐる血潮と同じ血汐が、いたんだ、不完全な心臓を流れ出るままに、やはり、人の子が持つであ

ろう、いろいろな空想や理想を胸にえがき、家庭生活に対する憧憬に似たものを持ってゐました。（後略）（Y17）

病弱でありながら、女性としての夢を抱いていた幸恵が正直に吐露されている。やはり体が弱い金田一の妻の言葉に、苦しい自分の女心を託した次のような日記（大正11・6・1）がある。

（前略）「弱い女が主婦になるのは罪だ。子供の為、夫の為、自分の為に最大の不幸だ」と奥様が仰る。何たる悲痛の言葉ぞ。私は直ぐに打ち消してそれに代るよろこびの言葉を見つけようと思ったが不能であった。だって私は常日頃ちょうど奥様とおんなじ心持でゐたのだから…。奥様は最も深刻にその経験をなされたのだ。私は…これから、その生活にはいらうとしてゐる。自分の弱い事を知りつつさうした生活に入るのは罪かしら…罪だとしたら私は何うすればよいのだらう…。（後略）

この日記の日より三カ月前、彼女は村井曾太郎と仮祝言をあげていたのだ。東京から帰ったら彼との生活が待っている。「これからその生活にはいらうとしてゐる」とは、そのことを言ってるのだ。彼女は手紙をこう続けている。

（前略）本当に肉の弱いやうに私の心も弱いのでした。自分には不可能と信じつつ、それでもさうなんですから…。充分にそれを覚悟していながら、それでも最後の宣告を受けた時は苦しうございました。（中略）ずっと前から予期していた事ながらつぶれる様な苦涙の湧くのを何うする事も出来なかった私をお笑い下さいますな。ほんとうに馬鹿なのです、私は…（後略）。（Y17）

手紙の後半には、「結婚不可」と宣告されたことを、「昨日、名寄へ（注・恋人・曾太朗のこと）知らせやりました」とある。恋人がなんと読むかに、心を痛めている。

（前略）この事で名寄の村井が何んな事を感ずるかということが、私の胸を打ちます。しかし何卒彼が本当に私をよりよくより高く愛する為に、お互いの幸をかんがえ、理解ある判決をこの事にあたえる様に、と念じています。（中略）どんな返事が来るか知りません。何卒お情けに、もしおりがありましたら、彼に何とか言ってやって下さったら私の幸福はこの上ありません。（後略）（Y17）

仮祝言後の、たったひと月いっしょの生活では、「夫婦」「夫」「妻」というには面映ゆい、幸恵の複雑な心が文面にうかがわれる。「名寄の村井が――」とあるあたりに、反対してはいるものの、最後は黙認していた母・ナミをみる、娘・幸恵がいる。

これを読んだ高吉・ナミは、金田一京助に語ったように、「死ぬのでは――」と、不吉な予感に襲われる。

旭川のアイヌには、幸恵は金田一京助の子を宿していた、という噂とは別に、名寄の恋人・村井曾太郎の子供を宿していた、という伝聞もある。（『エカシとフチ』「エカシとフチ」編集委員会　昭58・12・10）

（前略）村井さんとの間の子供かしら。それでなきゃ泣くわけないでしょ。行きたくないって泣いたということを、わしは妹から聞いたの。（中略）幸恵さんがなくなってから三年目くらいに、わしの母親がなみさんから聞いたんだけど、「東京にいった幸恵から、お母さんだけに話すけど妊娠したらしい、と手紙もらった」って。それからちょっとして死んだから半産（引用者注：流産のこと）でもして…（後略）

この本は、十数人の識者による全道のアイヌのエカシ（お爺さん）、フチ（お婆さん）からの聞き書きである。

むつみさんもここも、「どうなんでしょうね」と、気にしていた。これで、幸恵の妊娠説は二つになる。

幸恵と曾太郎は一カ月ほどいっしょに生活しているから、ここでの妊娠の可能性はある。しかし、もしそうだとすれば上京した五月頃は、つわりの時期であり、九月は、妊娠月数が五カ月から六カ月になる。金田一の友人の医者は内科医だったが触診して分るはず。それに、妊娠した女性を前にして「結婚不可」と、言うだろうか——。

私は、妊娠説は、相手が誰であれ虚説だと思っている。

もうひとつ、村井曾太郎のために、『エカシとフチ』中の間違いを指摘しておきたい。これにはこんなことが書いてある。

（前略）村井さんは、幸恵さんが東京にいって間もなく奥さんをもらったんだけど、幸恵さんが亡くなったその年に村井さんも亡くなったの。自殺したんじゃないかしらね。村井さんの奥さんも一年もたたないうちに亡くなっている。どうしたんだろ。（後略）

私は昭和四七（一九七二）年、幸恵伝取材で名寄の村井家を訪ねて、曾太郎氏は太平洋戦争後の昭和二一年、四八歳で亡くなったことをチヨ夫人から聞き、位牌に合掌している。

2 知里家と金成家

幸恵が生まれたとき、明治一七（一八八四）年生の父・知里高吉は一九歳、明治一二（一八七九）年生の母・ナミは二四歳だったから、両親は、姉さん女房の若夫婦だった。

ここで、後掲の系図（42〜43Ｐ）をみてわかるようにナミの実家は金成家、ナミの姉がマツ。二人の生母はモナシノウクである。

幸恵が生れて間もなく一〇〇年、いまでは、生地の登別にも、彼女の幼時を直接知る人はもういない。彼女のいちばん幼時を知る手がかりがひとつある。バチラー・八重子の「姉妹かがみ」（『ウタリ之友』昭８・七月号）というエッセイである。

（前略）幌別に参りましたのを幸いと、サロメ様（注：幸恵の母ナミのクリスチャンネーム）のお家を訪問いたしました。するとサロメ様はちょうど、野采畠に働いておられましたが、私のために、お茶を入れて迎えて下さいました。そのとき幸恵様が三歳位と存じましたが、初めて会った私に、「私は明治何年何月何日生まれの知里幸恵です」とお母様に教わった通り、暗記されて申されましたので、私はまったくおどろかされてしまいました。そのとき、サロメ様をこれこそウタ

リ（注：アイヌ語で同胞）の真の賢母である、と心から尊敬せずにはおられませんでした。（後略）

八重子の訪問は、傍点のように「幸恵様が三歳位」とあるから、明治三八（一九〇五）年春から夏にかけての「野菜畠」の時期、日露戦争の日本海海戦（五月二七日）の頃と思われる。

このときの八重子と幸恵の出会いは登別の知里家でない。「幌別」だった。ナミ＝「サロメ様」の実家は、幌別のオカシベツにあった。婚家・知里家のある登別からは低い丘、リフルカ（高い丘の上）を越えて五キロほど離れている。ナミが幼少の頃は、農業のほか道路沿いで雑貨屋もしていたらしい。

八重子が訪ねたこのとき、姉のマツは聖公会の平取教会に伝導婦として赴任中、実家では、五七歳の母・モナシノウクが、明治一九年、夫・金成恵里雄と死別、寡婦暮らししていた。ナミは春の野菜畠の手伝いにきていたのだ。夫の高吉は前年から日露戦争に出征して留守だった。

知里家では嫁のナミと姑の加之との折り合いがすぐ後に述べるようなこともあって、よくなかった。悪い折り合いを舅の波ヱ登（アイヌ名ハエプト）がとりもっていた。が、波ヱ登は、高吉応召後の明治三七（一九〇四）年一〇月に逝く。山猟のアマッポ（仕掛け矢）にあたって、と言われている。野菜畑の手伝いにかこつけてのナミの里帰りには、仲介者喪失によるストレス解消もあったかもしれない。

ナミが里帰りするときはよちよち歩きの幸恵がついていく。一人暮らしの祖母・モナシノウクは初孫の幸恵がかわいい。幸恵は、父方の祖母・加之を「浜のフチ（おばあさん）」と呼び、母方の祖母・モナシノウクを「山のフチ」と呼んでいたが、いつしか幸恵の山のフチの家泊まり続きが多くなり、幸恵とモナシノウクの距離が近くなる。こういう外孫と外祖母との近い関係はよくあることだ。

ここで巻末資料の知里幸恵年譜の備考を見ていただきたい。三本の実線は幸恵が肉親と一緒に過ごした生活時間の長さの関係を考えたものである。これを見ると、幸恵はもの心つくほんの幼児のころから上京するまで、両親より祖母のモナシノウクとの時間が長いことがわかる。これは彼女の人となりを考えるうえで重要なことだ。

「ぷろろーぐ」でみたように、「お婆ちゃん子」幸恵の誕生である。

幸恵は、お婆ちゃん・モナシノウクへの思いを、彼女の死の近くに、「夢の秋」（資料9）という詩に詠んでいるが、これについては最後の節で触れる。

その後、八重子はもう一度知里家を訪ねている。そのときには、「もう歩いて居られる二人の息子さんがおありで…」とある。「二人の息子」とは、幸恵の弟・高央と真志保のことで、明治四二（一九〇九）年二月生の真志保が「歩いて」いた、という。幸恵のことには触れてない。幸恵は明治四三年四月頃にはおば・マツの赴任先の旭川にいってるから、とすると、八重子の、二回目の知里家訪問は、幸恵がいなくなってからか。

高吉・ナミ夫妻にはもう一人、娘・芳江がいる。つまり実子は二男二女ということになるが、ほかに、小さいときから養女として育てた二人の和人の娘がいる。そのうちの一人が、幸恵の墓を東京から改葬した佐藤ミサオである。

なぜ、和人の娘を二人、養女にしたかさだかでない。

姉のマツが、小さい子供を養子にしようとしたとき、それに反対したナミの手紙がある(原文ローマ字、アイヌ語混じり)(資料8)。

「(「旭川の金成さんが生後五十日くらいの子供をもらう」という話を聞いて)ワタシ、ビックリシテ、トビアガッタ　グライデスヨ　モシ、ホントデアッタラ、(中略)アト　クヤミスルヨ。ワタシ　マル1ツコエタノ　モラッテサイモ　コンナツミツクルモノ。トテモジブンデ　ウンダコドモノハナシデナイヨ(後略)」と。

葉書には「七月卅日」と差し出し月日があるが、文脈から大正七年であることがわかった。養子を育てた経験から、腹をいためない子供のめんどうは「ツミツクリ」する、と姉をたしなめているところが興味深い。

文中に「irup(ウバユリのでんぷん)アッタラスコシクダサイ　オネガイデス」などがあり、姉妹の気持ちの疎通が感じられる。

小さい字で三八行、葉書一枚によくこれだけ納まるものと、驚かされる。この年、ナミは三九歳、マツは四三歳、二人とも老眼にはまだ遠い、健康な視力だったようだ。

高吉・ナミ夫妻の養女の佐藤ミサオさんと夫の三次郎氏には、私は知里真志保伝以来世話になってきた。二人は、高吉とナミは「恋愛で結ばれた」と語る。

高吉・ナミ夫妻は戸籍上、「大正元年拾月貳拾貳日幌別郡幌別村金成次郎妹波ト婚姻届出同日受付入籍」と、なっている。

ここにある「金成次郎」は、実家の戸籍では、母・モナシノウクの夫・金成恵里雄（アイヌ名ハエリリ）との養子となっており、金成喜蔵の次男で金成太郎の弟である。

このように「ナミ」は戸籍では「波」と漢字だが、金田一京助が彼女からの聞き書きした「知里ナミ履歴書」ではカタカナになっている。なお、彼女の姉も戸籍では「金成广知」だが、本人もまわりも「マツ」と慣用、墓碑もそうなっている。それで私は、二人の名前の表記は、それに従うことにしている。

ところで、「知里ナミ履歴書」には、彼女の結婚、「明治三十五年四月十二日　知里高吉に嫁す（二十二歳）」とあり、戸籍の「入籍」年月日とは大きくずれている。

いまひとつ私はこの履歴書では、「明治三十六年一月十五日　長女幸恵生まる（大正十一年没）」とあることに、前々からひっかかっていた。戸籍の「明治参拾六年六月八日生」と違っているのだ。

この二つは女性には大事な節目の日だ。戸籍とのずれはどうしてか――。昭和三九（一九六四）年、八二歳で亡くなるまで記憶のはっきりしていたナミである。私はナミの記憶を信じたい。

「――履歴書」からすれば、ナミは「高吉に嫁す」前に幸恵を身籠もっていたことになり、佐藤三次郎・ミサオ夫妻がいうように高吉・ナミの恋愛過程を示唆している。これは、このとき五五歳の姑の加之には不愉快なこと、加之は二人の結婚を認めなかった。これが婚姻届提出の遅れた背景の一つで、それに、二人の神様違いも入籍を遅らせたもう一つの理由だった、という。

ナミは、J・バチラーが函館につくった、キリスト教布教のためのアイヌの導師師養成の学校で、マツといっしょに勉強してきたクリスチャンだった。(5節)

アイヌのなかには、バチラーのキリスト教を次のように批判する人もある。

バチラーが全生涯をアイヌ教化に捧げながら、「見るべき実績がないのは」、「アイヌが古代より信じてきた日、月、水、火、鳥、獣の神は」礼拝すべきでない、「真の神はイエス・キリスト只一人」と言われても、「佐様ですかとすぐ合点、すぐ破壊されるような薄っぺら観念では決してないから」(貝沢藤蔵『アイヌの叫び』昭6)と。

加之とナミの場合は——。ナミは、食事前、祈りを欠かしたことがなかった。高吉も子供たちもそれが終るまで食べるのを待っていた。また、洋食のナプキン代りに前掛けをするなど、マナーがきびしかった。誕生日の贈りものは子供たちが独立してからも忘れたことがない。

このようなナミの宗教生活は、彼女の子供たちの精神形成上も見逃せない。

幸恵が生まれて間もなく、高吉・ナミ夫妻は、一見、大胆なことをしている。幸恵の幼児洗礼である。

明治三六年四月のことである。加之との折り合いは悪かったが、仲を取り持つ舅《しゅうと》の波ヱ登がまだ健在だったからできたかもしれないが、知里家の神様事情からするとこれは高いハードルだったはずだ。

私は、このことは、後出する、幸恵の幼なじみの知里シゲさんから聞いていた。「ナミおばさんが幸恵さんの思い出話のなかで言っていた」と。とすると、戸籍上、六月八日が誕生日の幸恵には大変なことになる。

あるとき、J・バチラーの研究家の仁多見巌氏と懇談中この話をすると、氏から興味深い教示を受け、紹介された日本聖公会北海道教区の植松誠主教から、幌別聖公会教籍簿の幸恵の部分のコピーを見せてもらうことができた。シゲさんの伝聞は間違っていなかった。見ると、

「番号　七十三　教名姓名　知里ユキ　壱歳」、「洗礼式」の欄に、「年月日　明治卅六年四月廿六日　司会者　長老バチラー　教父母　中山熊彦・中山キリ」、「備考　此人ハ知里多賀吉長女ナリ」

とある。備考の「多賀吉」は「高吉」を誤記したもの。ここには、知里幸恵の戸籍の誕生日より約五〇日前の「洗礼年月日」がある。本人が生まれる前にこんなセレモニーが行われるはずがない。

「知里ナミ履歴書」、「教籍簿」、「戸籍」の三つを並べてみると、幸恵の誕生日は、母・ナミの「明治三十六年一月十五日」には妥当性があることになる。そこで以後、私はこれに従うことにして、

〔知里家家系図〕

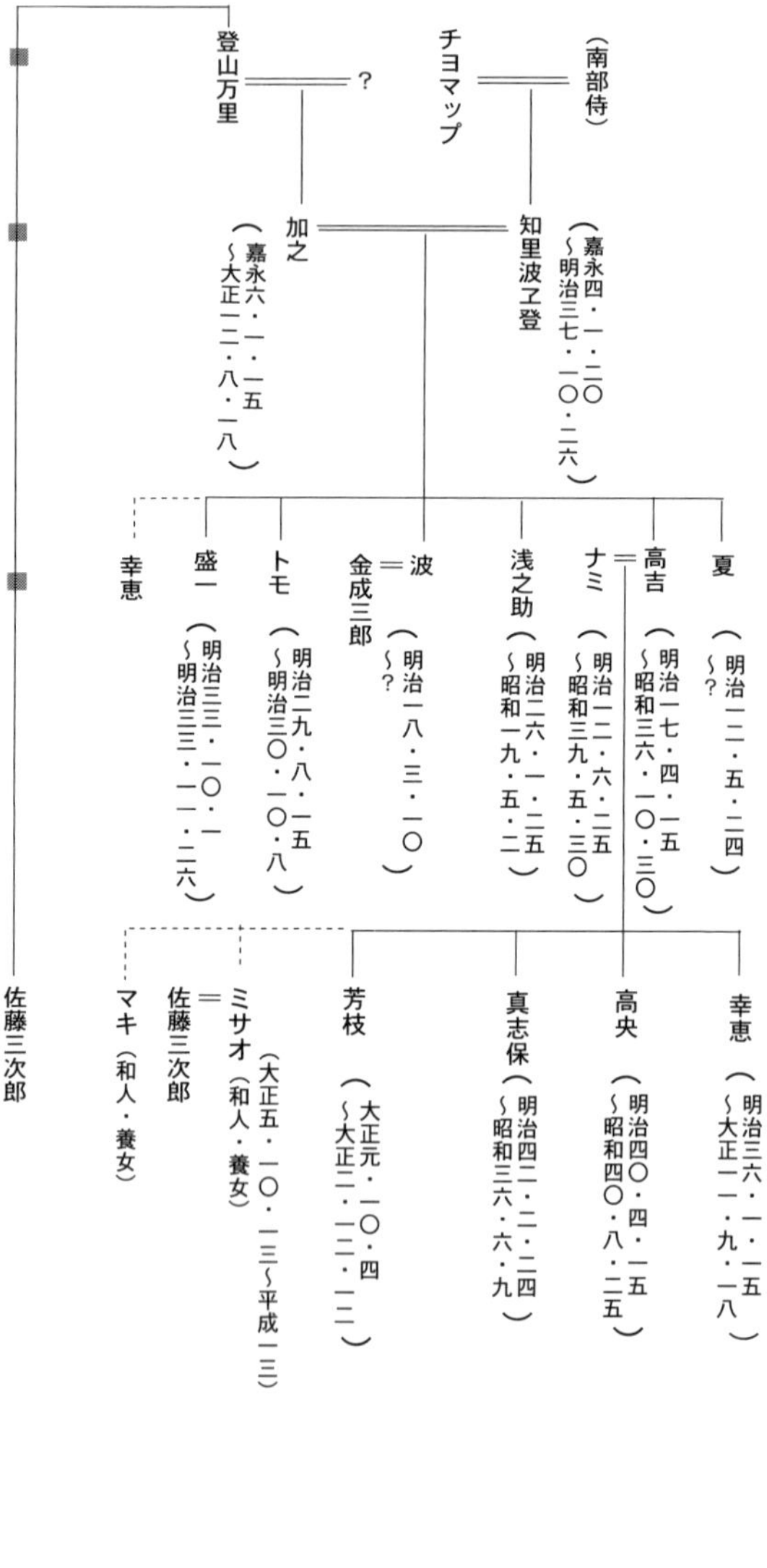

（注）知里真志保「ウェンベ・プリ」によると加之のアイヌ名は「カシヌカリ」とある。

〔金成家家系図〕

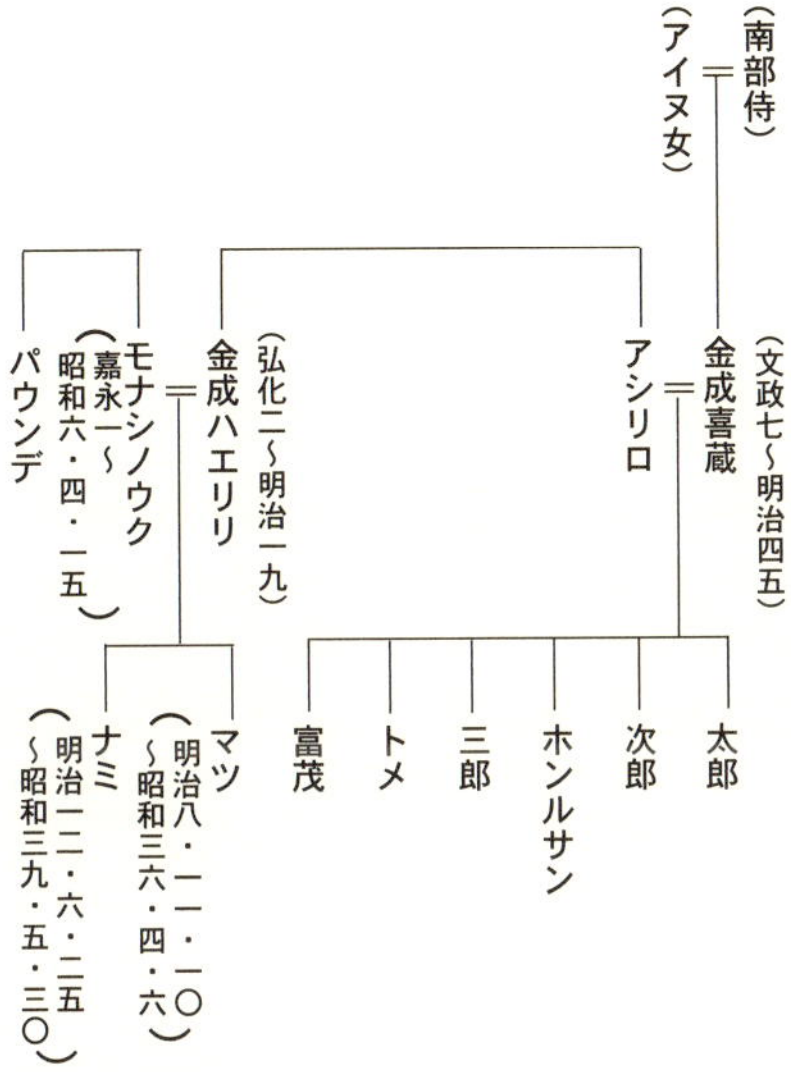

巻末の年譜も、そう書くことにする。

私は、この節の冒頭で、幸恵のいちばん幼時を知る手がかりを八重子の「姉妹かがみ」と書いたが、正確にはいま借用した「教籍簿」が最初ということになる。（高央と真志保も幼児洗礼を受けている）

付記すると、高吉もその数日前に受洗していたが、日露戦争で高吉が出征、その直後、神様ギャップをとりなしていた波ヱ登が死ぬと、加之・ナミ・姑・嫁の溝は深まる。さきほどのように、バチラー・八重子が「よちよち歩きの幸恵」に会ったのは、そういうナミが幸恵を連れてたまたま実家帰りをしていたときかもしれない。

姑・嫁の溝はおいそれと埋まらな

かった。子供がさらに三人できても、一番上の幸恵が学齢を過ぎても加之は入籍を認めなかった。入籍が許されるのは大正三年（一九一二）で、一〇年かかったことになる。この年、加之六四歳、高吉二八歳、ナミ三三歳、幸恵は一一歳になっていた。

さらに、もう一つ、戸籍上、幸恵は祖父母の知里波ヱ登・加之の四女となっているが、この届け出も誕生日の月日とともに、入籍が許されない事情の根深さからか。

長男・高央と次男・真志保も、母のナミは一人で出生届を出し、夫妻が婚姻届出の「大正元年拾月弐拾九日」に「知里高吉認知届出同日受付」と、なっている。いまの知里家の人たちには、神様のこんな冷戦譚はどうでもいいことであるが――。

ここで知里、金成両家の家系をみておく。

アイヌの〝創氏〟については次節で考えることにするが、「知里《ちり》」「金成《かんなり》」という漢字名はアイヌにはなかったのに、日本風にそう名乗るようになったのはいつからか。

両家はともに、太平洋に面した胆振の海岸線、幌別、登別両コタンの古くからのアイヌの名家、といわれている。

幸恵の弟・真志保は生前、こんな冗談を言ってるのを親しい何人かが耳にしている。

「オレの家は登別地方の有力名家だったから、世が世であればオレは皇太子、いや次男だから、ヌプリベツ宮殿下、ってとこかな……」

ヌプリペツ（色の濃い川）は登別のアイヌ語原名だ。冗談っぽく言ってたが目は笑ってなかった、という。祖先修飾譚にことよせて彼の心底の一部がのぞいているのかも……。

金田一京助は随筆、「知里夫妻」（昭30）に、高吉は、「南部藩の侍の血をひくチリパ翁の子で、知里姓をなのる」と、書いている。これだと、高吉が「知里」姓を初めて名乗ったように見られる。が、明治初期作成の知里家の戸籍には、「北海道廳幌別郡登別村　前戸主亡母チヨマツプ長男　戸主　知里波ヱ登　嘉永四年正月廿日生」とあり、初めてそれを名乗ったのは高吉の父ということになる。「明治五年十月二十日相続」ともあり、母のチヨマツプの死はその頃だったか。「波ヱ登」はアイヌ名を「ハヱプト」と言う。

金田一随筆では「チリパ」は、「ハヱプト」「波ヱ登」とも表記されている。

実は、登別には、もう一人、別の「チリパ」がいた。その人は『登別町史』の「古老座談会」に登場する。

（前略）（明治の初め）アイヌを戸籍に入れるために、アイヌの名前を日本名に改めなければならないものですから、一例を申しますと、酋長格であったのがカンナリキは、それを金成喜蔵としました。知里というのは家長のチリパというのを知里盤蔵というようにしました。（後略）

この「チリパ＝知里盤蔵」は幌別に住み、バチラーが明治一七（一八八四）年、幌別を訪ねたときた会った人物である。バチラーはこのチリパを「アイヌの紳士」といい、「私のアイヌ語の先生」といっている（『我が人生の奇跡』）。幌別の有力者で、金成喜蔵といっしょにアイヌの学校を建てた人である。

この幌別「チリパ」について金田一は「古井戸の底から」でこう書いている。

明治四五（一九一二）年一月、幌別の金成喜蔵（カンナアリキ）が死んだとき、「弔いに来た同村のチリパ翁が家に入るや否や、炉ばたを奥に進みながら」、「偶々チリパが上に住み、カンナリが下に住むので」と、川名は書いてないが、二人は、同じ川の、上手と下手に住んでいたように記述している。

幌別「チリパ」は、バチラーが最初幌別で会ったとき五三歳、喜蔵は七歳違いの六〇歳だったから、喜蔵が八八歳で死んだとき、チリパは八一歳で、明治四五年には、登別でなく幌別に元気で生きていた。

登別「チリパ翁＝ハエプト翁＝知里波ヱ登」は「明治三十七年十月二十六日」「五十三歳」で死んでいる。

バチラーがアイヌ語を習ったアイヌ人のなかに、知里ハエプトをあげているものもあるが、それはチリパ違いである。

因みに、座談会で「盤蔵」と記されていチリパは仁丹多見巌著『異境の使徒』では「盤治」となっている。

ところで「知里波ヱ登」は、戸籍に母の名は「チヨマップ」とあるが、父の名はない。金田一のいう、「南部の侍」がその戸籍にかくれている人か。

室蘭には北辺防備のために造られた陣屋があり、南部藩がその任に当る。安政二（一八五五）年だった。南部の侍は、それ以前に陣屋造成下見のため、このあたりに派遣されていた。チヨマップがハヱプトをもうけたのは嘉永四（一八五一）年で、陣屋造成より少し早いが、江戸時代末の人別帳記載の誤差を考えれば、金田一の「南部の侍」説が浮上してくる。

チヨマップの年齢は不詳だが、当時の女性の子供の生産年齢幅を一五歳～三五歳とみると、彼女は文化一三（一八一六）～天保七（一八三六）年の生れということになる。

その頃、チヨマップらしい女性の名が、松浦武四郎の『廻浦日記』に書かれていた。

松浦がホロベツの会所に泊まったのは、エゾ地一周の途中で、陣屋造成の翌年の安政三（一八五六）年一〇月、日米和親条約締結の二年後、日露和親条約の翌年だった。いまから約一五〇年前のこと。このとき彼は、「ホロベツ」、「ワシベツ」、「ヌプルベツ」合わせて三つのコタンに住むアイヌ、五二軒の戸主？　名と家族人数を並べ、総計二六〇人と『廻浦日記』に記した。なかに「女子チヨマフ家内七人」とある。この女性が、知里家戸籍の最初に出てくる「チヨマップ」と同一人とすれば、彼女の息子のハエプト＝知里波ヱ登は嘉永四（一八五一）年生だから、この「七人」のなかに五歳くらいで数えられていたことになる。

さきほどの座談会中の金成喜蔵に触れておく。登別地方のアイヌの歴史では忘れられない一人である。

アイヌ名はカンナアリキといい、マツ、ナミの実家・金成の宗家筋にあたる。

明治の初め、この地方で農業のほか旅籠屋をしていた。彼は、札幌師範学校を優秀な成績で卒業した息子・太郎のために、旅籠屋続きにアイヌの師弟教育の私塾＝学校をつくっていた。アイヌのパートナーを探していたバチラーは、そこに狙いをつけて接近する。以来、親交を結ぶことになる。この私塾が、後の愛隣学校、さらには曲折を経て〝バチラー学園〟に繋がる。とすると金成喜蔵の役割は大きい、ということになるが「軒を貸して母屋を取られる」の感がある。

太郎は、明治一八年、受洗する。アイヌで初めてであって、バチラーのアイヌ宣教の目だった成果だ。バチラー三一歳、太郎一九歳だった。太郎は、バチラーから教えられて英語が堪能になる。バチラーのアイヌ向けの聖書、アイヌ語の賛美歌、さらに、バチラーのアイヌ語研究が一段とすすむのは、太郎のアイヌ語と英語力がなければ成功しなかったであろう。だが、バチラーは太郎への謝辞をどこにも口にしてない――。

喜蔵の妻の弟、金成恵里雄（アイヌ名ハエリリ）がモナシノウクの夫である。従って、太郎とマツ、ナミは従兄弟ということになる。

太郎が受洗したときマツは一〇歳だった。太郎には次郎という弟がいる。戸籍上、恵里雄と養子縁組をしていた。ナミの婚姻届が「金成次郎妹」となっていたのはその故である。

山田秀三氏が生前のマツから聞いた、こんな話を伝えている。

「浜つづき第一の豪族だったカンナアリキは大変な女好きで、アイヌや和人のポン・マッ（小さい・妻、強いて和訳すれば妾）をたくさんもち、精力的にぐるぐる歩き回った。村人は遠慮しながらカンナアリキ（Kanna-arki また・いらっしゃる）とあだなを奉った」と。（『北海道の旅と地名』昭45）

マツ、ナミは太郎や次郎を、「太郎ボボ」「次郎ボボ」と呼んでいた。ボボとは兄や従兄弟に対して親しい感情をこめた呼びかけ言葉だ。

太郎とバチラーにはその後距離ができていく。明治三〇年一月二〇日、太郎は函館で死ぬ。『函館北海新聞』に報じられている（富樫利一『エノン』）。その頃、マツ、ナミははバチラーの函館愛隣学校に遊学中だった。が、姉妹は太郎ボボの死を知らない。バチラーもそのとき学校の責任者だったネトルシップも、『函館北海新聞』に出た破戒者・太郎の最後を知ってか知らずか、とにかく姉妹は耳にしていなかった。

3 アイヌにもあった創氏改名

ここでアイヌの〝創氏〟を考えてみる。日本が朝鮮半島を植民地支配したときの〝創氏改名〟を頭におきながらである。

日本は明治四三〜昭和二〇（一九一〇〜四五）年まで朝鮮半島を植民地支配した。支配の終り近くの昭和一四（一九三九）年一一月、朝鮮総督府は朝鮮民事令改正（翌年二月施行）、①氏の創設、②朝鮮人が日本式に名を改める道を開く。これは任意とされたが、皇民化の指標として有形無形に強要した。韓国・朝鮮人が国辱として、〝日帝支配〟を糾弾する悪名高い〝創氏改名〟がこれだ。これをテーマの梶山季之箸『李朝残影』は有名。

韓国の友人が、私にこんなことを言ったことがある。

「太平洋戦争後、マッカーサーが日本人にジョージとかメリーと名乗れ、と言ったら日本人はどうしたろうな……」と。

〝創氏改名〟とはそういうことなのだ。

アイヌの歌人・違星北斗（明治四一〈一九〇二〉年〜昭和四〈一九二九〉年）は、「私の三代ばかり前には違星家には苗字はなかった」（『コタン』）と言っている。
この本に登場する「金成」「知里」は、「カンナアリキ」「チリパ」というアイヌ名に漢字を当て和式の姓としたもの。まさに〝創氏〟だ。

アイヌ出身の初の国会議員、萱野茂氏の『おれの二風谷』（一九七五）にこんなところがある。

（前略）二風谷を訪れる人は、このあたりの苗字が「貝沢」だらけなのを不思議に思われるでしょうが（中略）、明治四、五年頃、村人の苗字をつけるべく沙流川附近にやって来た明治政府さしまわしの役人は、大酒飲みで、宿で酒を飲んでばかりいた。帰る日が近くなってから大あわてで苗字をつけることになる。
「そうか、この村はピラウトゥル（平取）というのか、それならば『平村』とつける。そして次がニブタニだな、ではここに住んでる者には『二谷』と付けよう。その向こうはピパウシだな、ピパは何だ、そうか貝という意味か。ではウシというのは？　そうか有るという意味なんだな。それなら、この村に住んでる者は『貝沢』と付ける」という具合に、地名を苗字にしてしまったのです。（後略）

アイヌの和風戸籍は、労働力確保とロシア対策のため、実は江戸時代から場所請負人により作られていた。出先番屋の支配人や番人たち作成の『○○場所蝦夷家数人別帳』（以下、『―人別帳』）がいまも残っている。

それを見ると、和姓はほとんど見られないが、幼少者に和名が少しばかりある。和風は奨励されても、なかなか思うようにいかない、と嘆く出先番人の書き付けがある。

開拓使の、明治四（一八七一）年からの戸籍法による、アイヌを平民に編入する事務作業は、この『―人別帳』が基になっている。

ところが、この『―人別帳』がかなりずさんだったから、これを基にした明治の戸籍、とくに年齢は信がおけない場合が多い。

知里真志保は、『地名アイヌ語小辞典』の「Sak　夏」の項で、アイヌの時間観念をこう説明している。

――今のアイヌは、一年を四季に分けて考えるが、古くは「春」も「秋」もなかった。一年を「夏」と「冬」に二分する考え方も実は後に生じたもので、以前は「夏の年」と「冬の年」の二種で、それが交互にやってくると考えた。「春」と「秋」は「夏の年」の〈初め〉と〈終わり〉であった。また、「日」も「暗い一日」と「明るい一日」が交互にやってくる。月はこうである。「神様にお祈りする月＝一月」、「日がだんだん長くなる月＝二月」……「ハマナスの花が咲き始める月＝六月」……「たいまつをつけて魚をとりにいく月＝十一月」となる。

年齢を尋ねられて、「夏年」「冬年」を一つずつ指折ったら倍になるし、また、「お前の生まれた月は……？」、「ハマナスの花が咲いていた月」と、会話しても、年により、ハマナスの開花はずれることがある。

明治戸籍の基になった「――人別帳」作成者が、こういう「時」の流れを知らないで仕事をしていたら、たいへんな苦労をする――。

記入者は相棒の通辞と二人くらいだったろうが、そのときの様子を想像すると楽しくなる。番屋のどこの部屋で、どんな思いで仕事をしたか――。

夏だったか、冬だったか。雨の日、風の日、雪の日もあった筈。灯は魚油、大事に使わなければならないから、夜でなく昼に書いたのでは――。墨をすったのはどっちか。

「あそこの、かわいい倅は何歳かな……？」

聞いてはきたが、アイヌ式の指折りの数と、見た目の顔つき、体つきは自分たち和風の年齢感とはどうも違う。

イップクしてしまう。

そこで二人は長いキセルで煙草を吸いながら雑談。二人とも単身赴任だ。点数をあげて早く妻子のもとに帰りたい。互いの顔色をさぐりながら松前の上役の悪口や、或いは現地妻の品定め――こうして、下っ端役人の共犯意識が生まれてくる。ピンハネなど悪いこともいっしょにやったのでは……。こんなあたり、パソコンと墨・算盤の違いがあっても、いまも昔も変わらない。

明治政府がアイヌの戸籍制度を急いだのは、江戸幕府と同じように、北のロシアに対する危機感からだった。アイヌの趨勢が大きな意味を持つからだ。

もうひとつ大事なことがあった。それは、北海道の土地制度だ。

アイヌには土地の私有観がない。政府は明治五年、開拓使布達をもって「地所規則」を制定、北海道の土地は、「官有地、及び現在民間が拝借使用中を除いてはぜんぶ、官の手により民間の希望者に払い下げ」、「従来、アイヌが利用していた山川沢の別なく」、所有権を明瞭にすべき、とした。

この規則の意味をどれだけのアイヌが理解できたか。

また、アイヌの狩猟習慣である「毒矢」の使用が禁止され（北海道鹿猟規則　明9）、猟はもっぱら鉄砲となり、アイヌの地域毎の「狩猟圏（イオル）」が破壊され、ために人間と鹿のバランスが破れ、アイヌの大事な食資源であった鹿が急速に枯渇していく。

アイヌにとっていまひとつ大事な食料資源はサケである。アイヌには、川を遡上するサケを捕獲するアイヌのキマリがあった。ところが、江戸時代末頃には場所請負人は、遡上する前のサケを沿岸で獲ってしまう。ために、年々、サケの河川遡上が減少するだけでなく、産卵繁殖が妨げられた。そこでさすがの幕府も安政六年、例えば石狩川を種川として禁漁にする。開拓使もこの方針を継ぎ、年々強化された。漁獲の減少は、アイヌの漁法の与り知らない沿岸漁法による乱獲によるものであったが、河川遡上のサケ漁の禁止により、それに頼っていたコタンが消滅（石狩パラト）したり、十勝川上流のアイヌのように、餓死に瀕する惨状に追い込まれたりした。

これらは、日本＝北海道の近代化開拓過程での出来事であったが、ここで留意したいのは、お雇い外国人総括、ホーレス・ケプロンの大きい役割だ。

彼が開拓使次官黒田清隆の招きによって来日したのは明治四年七月、その一一月、黒田に「北海道開拓」に関する第一回の報告、以来、折にふれての彼の意見は開拓使行政に強く反映されている。

ケプロンは、ヨーロッパ諸国が、インド、オーストラリアなど世界各地で植民地をいかにして獲得していったかの方法や、自分たちの合衆国では、先住民のインディアンから押収した土地をどのようにヨーロッパ人入植者に分配したか、を範にしての北海道のアイヌ対策を提言していた。

彼は若い頃、軍人としてインディアン制圧の経験があった。テキサスでは、「先住民特別保護区」をつくったが、悪辣な白人が保護区に侵入した。それでアイヌには、特別区を創設するのではなく、同化政策を進めるように、というのである。

この提言は、明治政府の近代化政策の考え方と一致しており、政府＝開拓使は自信をもって対策の実施を進めることになる。

例えばさきほどの戸籍制度の確立、土地制度、漁狩猟政策など近代化への布石はケプロンの提言によって裏打ちされたことになる。

戸籍でいえば、アイヌには、子供の幸せな成長を祈っての昔から伝えられていた命名のしかたがあったが、無視された。土地のことでいえば、大地の神＝カムイとのかかわり、漁業でいえばサケ＝食べ物を人間世界に送ってくれるカムイとの身近な関係など、アイヌのしきたりが、近代化の波のなかで喪失が余儀なくされた。

その総仕上げが明治三二年（一八九九）の「北海道旧土人保護法」であるが、どれもが、アイヌには本来、関わりがないことであって、なんらの相談もなかった。

知里幸恵は、アイヌの歴史のなかの、そういう翻弄の波が一番大きいときに生まれ合わせた一人である。


アイヌの戸籍のことで、付け加えておかなければならないことがある。いまはなくなったが、戸籍の「族称」欄に「旧土人」と記入されていたことだ。

これは、平成九（一九九七）年、『北海道旧土人保護法』が廃止されるまで法律用語として生きていた。この言葉が、公用語となったのは明治一一（一八七八）年、開拓使の次の「達」による。


旧土人ノ儀ハ戸籍上其他取扱ウ向一般ノ平民同一タル勿論ニ候得共（中略）古民ハ土人旧土人等区々ノ名称ヲ付シ不都合ニ候条自今区別候トキハ旧土人ト可相称此旨相達候事。


創氏改名について、ついでに興味深いエピソードを紹介しておこう。

こんな文書があるのだ。

昭和一五（一九四〇）年、当時、「創氏改名」で朝鮮人から強い抵抗を受けていた朝鮮総督府が、内務省経由で北海道庁宛に出した依頼文書である。

「朝鮮人ノ氏設定ニ関シ参考ト致度」、「アイヌ人ニ氏ヲ設定シタル最初ノ年代及ビ其ノ経緯事情」を教示してほしい、というのだ。

このことは、「創氏改名」が、日本・アイヌ＝日・ア関係が先例であることを、朝鮮総督府はもちろん、内務省の役人も承知していたことを物語る証でもある。

こうした視点で見ると、アイヌ対策は、日本の近代化のトレーニング的役割を果たしていたことにもなる。

韓国人は、太平洋戦争中は、日本人の前では、改名した名前で呼び合っていたが、自分たちだけのときは、先祖以来のホントの姓名で呼びあっていた、という。

日高地方でも、私は、つい二十数年前まで、アイヌ名で呼びあっていた老人たちを知っている。

4　ヌプㇽペッ＝登別の少女

この物語の舞台の登別は、観光で有名な温泉地である。鎌倉時代には僧・日持、江戸時代初期には僧・円空、後半期には最上徳内、そして江戸末には松浦武四郎らが温泉に止宿している。温泉の湧出は、それら日本人より前からアイヌが知っていて、温泉から流れる川を「ヌプㇽペッ Nupur-pet」と呼んでいた。「登別」はこれに漢字をあてたものだ。バチラーの「濁っている川」なる地名解がよく知られている。しかし、登別が故郷の知里真志保はこれとは違う（山田秀三『登別・室蘭のアイヌ地名について』）。

ヌプㇽ Nupur には神や巫女の「霊力のある、巫力のある」→「強い、どぎつい」というニュアンスがあり、色とか食物の味が「濃い」意味で、Nupur-pet は、「色の濃い・川」「(水色の) 濃い・川」の意で、水が温泉で混ざった色をしている。

武四郎がこの温泉に止宿したのは安政五（一八五八）年、四〇歳のときだった。この年、知里幸恵の母方の祖母・モナシノウクは一〇歳、父方の祖父・知里波ヱ登は七歳、祖母・加之は五歳。この本の登場人物中、一番年長のカンナアリキ＝金成喜蔵は三四歳、武四郎はホロベツで喜蔵に会っているかもしれない。

蝦夷地は安政一（一八五四）年から幕末まで（後期）幕府直轄であり、武四郎がここに立ち寄ったのは幕命による視察途中だった。


時かわって、明治二（一八六九）年七月、開拓使設置。幌別郡（幌別村・鷲別村・登別村）は仙台藩支藩の白石城主片倉邦憲の支配地となる。

幌別地方に片倉家が入植した頃の屋敷配置図がある（北海道大学付属図書館蔵）。見ると、片倉家主従が、支配地内の主要河川下流域にどう地割りされたかがわかるが、先住のアイヌコタンは図示されてない。

登別川（ヌプリペッ）の下流には知里家が含まれたコタンがあったはずだが書かれてない。左岸から数百m離れたところ（JR登別駅前道路と国道36号の交差するあたり）に、登別温泉開発の有力者・滝本金蔵の居宅がある。彼は片倉家より早くここに入植、漁業、農業、湯守をしていたのだ。

片倉家主従にしろ、滝本金蔵にしろ、そこにきて、土地を所有していくわけだが、土地私有の考え方のなかった先住のアイヌには、杭打ちなどが異様に見えたに違いない。

登別周辺は、明治五（一八七二）年、ケプロン進言の、函館～札幌間を結ぶ陸路（森～室蘭間は海路）の完成により交通量が増える。滝本は、このチャンスを逃さなかった。温泉に宿屋をつくり、さらに私費で客馬車を温泉まで通すなどの先見性を発揮している。

こういうとき、地域事情に詳しい、信頼できる協力者が、知里波エ登だった。

波ヱ登と滝本は、ヌプリペツ下流域で居所が近かったので、明治になる前から知り合いだった。波ヱ登の結婚は除籍簿には、「明治二年五月十五日　幌別郡登別村　登山万里三女　加之入籍」とある。波ヱ登は一八歳、加之は一六歳だった。

滝本が、客馬車線を温泉まで開通させたのは明治二四（一八九一）年、滝本六五歳、波エ登四〇歳だった。客馬車用の馬が必要になった滝本は牧場を、ヌプリペツの下流近く、自分の家から数百mの高台につくった。後の〝知里牧場〟、知里家の居住地と重なる。


知里家には、高吉が滝本金蔵にかわいがられた、という伝があった。

高吉が、ほかのアイヌにくらべて和風の読み・書き・算盤や、土地払い下げなど、開拓使以来の行政知識にくわしかったのは滝本のところに奉公していたから、ともいう。金田一はその様子を、「（高吉は）発明な進歩的な人だったので、早く時勢を洞察し、率先して旧習を改め、鋭意新文明の吸収に力め」（「知里幸恵さんのこと」）、また、高吉・ナミ夫婦は、「登別の山手を拓き、和人並みに役所に払い下げを願って下付してもらい、アイヌの生活を精算して日本風の生活をおくっていた」（知里夫妻）と書いている。

が、この文脈には、関係者の年齢の上からの検証が必要だ。

明治一七（一八八四）年四月生れの高吉が、何歳で滝本のところに奉公にでたのかはっきりしない。滝本が明治三二（一八九九）年、七三歳で死んだとき、高吉は一五歳だった。

アイヌの土地所有には、大まかに二つの方法があった。

一つは、明治三二（一八九九）年の制定『北海道旧土人保護法』（平成九＝一九九七年廃止）による「土人給与地」、いま一つは、それより前、「北海道土地払下規則」（明治一九＝一八八六年）による土地取得である。

金田一がいま引用の「知里夫妻」の、知里家が、「和人並みに（土地を）払い下げて貰って」というのは、後者の制度を指しているが、滝本に教えてもらって、土地の払い下げを受けたのは、年齢の上からみると、高吉でなく波ヱ登だったろう。高吉では年齢がまだ若すぎる。


一枚の絵葉書がある。年賀状だ。

大正一一（一九二二）年、幸恵が死んだ年だ。知里高吉が旭川のマツ宛に出したもの。「謹賀新年」とある。印刷された写真には馬を引いた高吉が写っていている。「幌別農水産家畜品評会　知里牧場種馬エルトラトウ号」とある。知里牧場の種馬のＰＲ絵葉書だ。

この牧場は波ヱ登によりつくられ、高吉が相続したものだ。

江戸時代の終り、蝦夷地の防衛、運送、交通に役立てるため、幕府はこの地方に官営牧場をもっていた。ところが、明治になるとき新政府との引き継ぎがうまくいかず、多くの馬が柵外に逃れた。開拓使は、新冠や登別に再収容の牧場をつくったが、それでも明治一〇年頃には、約二千頭が胆振から日高の山野に群棲、野生化していた。それを捕まえては運送用、肉用として札幌あたりに持ち込み、商売にしていた者もいた。

知里牧場には、波ヱ登の頃、囲いこまれたそういう馬もいただろうが、明治三五(一九〇二)年、ナミが知里家に嫁入りしたとき、持参金がわりにもってきた馬のなかには、再収容の野性馬がいたというエピソードがある。


北海道では二〇世紀初頭、軍馬生産が盛んで、優秀な種馬の交配料は高く、注目されていた。年賀状の写真の種馬の評価がどのくらいだったか不明だが、知里牧場は、絵葉書でPRするくらいの種馬を持つ、登別では中堅の生産牧場だった。

高吉は、結婚後、畑仕事はナミにまかせ、自分は牧場一本に打ち込んでいた。が、牧場経営には難点がある。日々の現金収入がないことだ。牧場は、弟の浅之助と共同経営だったが、慎重型の兄にくらべて弟は山師気が強く、強気のばくろう仕事に何度か失敗、その度に馬の数が減り、困ることがたびたびだった。ずっと後、高吉は裁判沙汰にまきこまれたことがある。


知里家では高吉とナミが結婚した翌年、明治三六(一九〇三)年、長女・幸恵が生れた。

また、彼女は高吉・ナミ夫妻の長女であるのに戸籍上は、祖父母の波ヱ登・加之夫妻の四女となっていることも前に触れた。

このような大事の事情あれこれを聞かせてくれた人の多くは鬼籍に入られた。私は、録音テープから聞こえる、その人たちの生前の声に、メモ重ねながらこれを書いている。

知里幸恵は一九歳三カ月の生涯のうち、ヲカシベツを含めて故郷の登別には七歳までいた。彼女の生の時間の約三分の一だ。私は、その三分の一に近ずこうとしたが、むつかしかった。覚えてる人がいなくなってるのだ。

一番の頼みは、義妹の佐藤ミサオさんだったが、「姉さんのことは、私がまだ小さかったのでよくわからない」と、言っていた。大正五年生れの彼女は幸恵が死んだとき六歳。「姉さん」には、大正七年の夏休みに帰省してきたときと、卒業の九年の春、それに一一年四月、上京する途中、登別に立ち寄ったときの、合わせて三回しか会ってない。印象がさだかでなくても仕方ない。幸恵は、両親宛の手紙にこう触れている。「おしっこたれのみさほ様もどんなにか可愛らしいでせう」（大7・5　Y4）と――。ほかの二人の弟と違って「様」づけなのは、どういう事情で貰われてきたかわからない、和人の義妹への、なにがしか遠慮があったからかもしれない。

マツが養子をもらおうとしたとき、ナミは、自分の経験から、「ツミツクリ」になる、と反対のローマ字葉書（資料8）を書いているが、それはミサオのことがあってのようだ。

いまみたところからすると、ミサオの幸恵印象は、ほとんどが、後から入力されたものとなる。彼女はあるとき、「あの人なら姉さんを知ってるかも」と、一人の女性を紹介してくれた。

知里シゲさん――。

旧姓は登山。知里波ヱ登の妻・加之の実家も登山だったから、その一族と思われる。シゲさんは知里道雄（明36＝一九〇三〜昭35＝一九六〇）という人と結婚した人だ。道雄は高吉の姉・夏の息子だから幸恵の従兄で、幸恵の手紙の発・受信簿にはたびたびでてくる。同年齢のせいもあって、互いに信頼をよせていたようだ。

私が会ったときシゲさんは七〇歳。道雄はすでに故人になっていたが、彼女は、息子さん勤務の室蘭新日鉄（当時）の社宅で私を迎えてくれた。

白髪まじり、からだぜんたいが小ずくり、和服の似合う、親しみのある静かなお婆ちゃんだった。春先からの長いカゼと高血圧で、そのとき、彼女は、「ちょっと元気がないんだけど……」と前おきしてから、「もう、古いことなので、どれだけ思いだせるか……」と、言葉を区切り区切り話してくれた。

「私の家と幸恵さんの家は近かった。私の方が一つ年齢が上でないでしょうか。ふっくらとしたからだつきで、色白、まゆ毛のかわいい子でした……」

シゲさんは、そんな幸恵を思い浮かべよう、と目を細めていた。

私は、幸恵がもし生きていれば、この人と同じように、きっと品のいいお婆ちゃんなんだろうな、とふと思った。

「あの頃、私たちは、アイヌの子だけで遊ぶことが多かった……」

シゲさんの語ってくれているのは、明治四〇年頃のことであるが、その頃、子供たちにも、アイヌの世界と日本人の世界の二つがあったのだ。

「遊ぶ道具はなかったけど、楽しかった……」

シゲさんたちは、自分たちの遊び場にいるかぎり、日本人に負い目を感じさせられることがなく、安全で幸せだったのだ。

二人の家は、登別川の近く、海も近かった。それに、コタンの裏手には小高い丘があり、そこは知里家の牧場だった。アイヌの子供たちの世界は広かった。

幸恵やシゲたち女の子は、海辺でままごとをよくやった。砂の上に線を引いてチセ（家）やプー（倉庫）をつくる。チセには玄関、台所や炉もある。砂浜からの拾いコンブ、波間から手拭いですくったイサダ、掘ってきた山イモ、家の垣根に生えていたグスベリの実なども料理の素材になった。作ったご馳走を盛り付けする食器は、岸に寄せられたホッキ貝、ホタテ貝、女郎貝、鯨の背骨など。大きさ、形、深さがまざまで、いかにも豊かな食卓であった。

また手毬つきもよくやった。彼女がそのときの歌を口ずさんでくれた。「イチレッツ談判ハレツして、日露戦争会いにくる。サッサッと逃げるはロシアの兵、死んでもつくすは日本兵……」と、私のテープには、シゲさんの静かな声が入っている。アイヌの子供たちにも日露戦争が入りこんでいたのだ。

「いつの間にか、アイヌ語でしゃべりながら遊んでたのよね……」と、言うシゲさんの声もテープから聞こえる。

「いまなら、（浜）エンドマメ食べよう、っていうんだけど、あの頃は、アハ（砂マメ）食べよう、と言ってね」

生活感情がにじんだ子供の風景である。

「幸恵さんの声はとてもかわいかった。一つ年下なのに姉さんのように静かな話ぶりでしたね…」

遊びのなかで「姉さんのような話しぶり」の幸恵にはその頃、「ぷろろーぐ」で触れたように、幌別のヲカシペツで、山のフチ・モナシノウクが口ずさむ《アイヌの神謡》の世界があった。そんな彼女には、遊びであっても、いや遊びだったからなおさら、貝殻や鯨の背骨などは、山のフチが神謡＝ユカラで歌う、海の神様が岸に打ち上げて下された恵みにみえたのでは——こうして日々折々が、幼い幸恵の心に《アイヌ神謡集》の原風景として刻みこまれていった、と思われる。


女の子でも、ときに男の子といっしょに牧場の柵をよじのぼったり、馬と戯れることがあった。そういうとき幸恵はいつも遠くにいた。

「いま考えると、やはり、心臓が弱かったからでしょうか……」

そう言いながらシゲさんは登別小学校の記念写真を見せてくれた。ほとんどが木綿ガスリの筒そで、下駄ばきだが、写っている和人の男の子には、数人、洋服も見られた。

「私より一つ年下の幸恵さん、私は、来年から旭川の学校にいく、って言ってた……」

シゲさんが一年生の夏、浜遊びしてるときの話である。

「どうして、と思ったので、その言葉、よく覚えている。小学校に上がる頃、マツおばさんのところにいったんでないでしょか……」

幸恵はそとおり、明治四三年四月、旭川の小学校に入学する。「ぷろろーぐ」の《A様》「73 P12～18」にあるように――。

ここでアイヌ同化の目玉政策、アイヌに対する当時の教育制度を見ておく。

開拓使は、明治三年九月、「土人童男女教育ノ義ハ、新ニ手習所ヲ択ヒ」と、アイヌへの教育の普及を考える。これには、「此地ノ土人ハ亜国ノ土人ヨリ性質温順ニシテ開明ノ理ヲ解スル者アルガ如シ」(ケプロン報文)とみるケプロンの影響もある。明治五年六月、まず、札幌周辺の三八名のアイヌに学校教育を受けさせようと東京に派遣するのもその一例。これは、毎月の手当支給の官費教育だった。アイヌ教育の初めであって、歌人・違星北斗の祖父・万次郎もこのなかの一人。彼は帰道後、開拓使に勤務する。アイヌ初の役人である。

その後、明治政府の教育制度が北海道にも普及する過程で、明治一一年以後には、江別の(樺太アイヌのための)対雁土人教育所のような学校が、アイヌの居住地域につくられる。

注目されるのは、明治一六年二月、札幌県、根室県、函館県から宮内卿あて提出の、「旧土人基本金下附之儀ニ付上請」である。

こうある。

――アイヌの教育は大事であるのに、三県とも、「県庁経費ハ毫モ之ニ充ツルノ余裕無之」、その間に、「外国宣教師等年々巡回誘導候ニ付、実ニ忽ニスベカラザルノ時節」になっているので、特別予算がほしい、と。つまり陳情であるが、「外国人宣教師」とはバチラーのこと。バチラーの存在は、開拓使にとっては気になるところだったのだ。

陳情効果あって、政府からは明治一六、七年、「土人教育のため」にと、計、三千円の下付があった。この金、どう使われたのか、成果がはっきりしない。

金成太郎が札幌県師範学校に入学、教員免許を得たのもこの政策上のことである。

その頃から、いわゆる「土人学校」があいついで建てられるが、アイヌへの教育が制度化されるのは明治三二（一八九九）年の「北海道旧土人保護法」以後からで、明治三四年には「旧土人児童教育規定」と、その実施に関する「訓令」（「——規定施行上ノ注意」）により、授業のなかみまで細かく決められる。

例えば、「一　修身ハ特ニ清潔、秩序、廉恥、勤倹、忠君、愛国ノ諸徳ノ修養ヲ主トシ且ツ日常ノ作法ニ注意シ善良ナル習慣ヲ養成セムコトヲ務ムヘシ」のほか、「国語」「唱歌」「算術」「体操」「裁縫」「農業」などの内容が細かく決められる。また、旧土人学校にすべてのアイヌ児童を収容できないときは、「尋常小学校若ハ其ノ分教場」でアイヌ児童の学級を編成、「其ノ他ノ者トノ二部ニ分チ」「教授スルコトヲ得」と、特例が用意されていた。

この「土人学校」での教育が、そこで学んだアイヌの子供たちに深い切り傷を刻むこになることを為政者は気にしていない。

知里幸恵は、「A様」の最後で「土人学校」に学んだくやしい印象をこう記している。

（前略）

73P

14 畑にすみ、七つのとき旭川の
15 伯母の所へ参りまして、
16 御存じ近文部落アイヌ
17 小学校に学びそこで
18 尋常小学校をへて
19 くやしい…さう思う私の
20 生活は実に学校

5　コタンに咲く花

幸恵は、「A様」の終わりの方で、「七つの時旭川の伯母の所へ参りまして、御存じ近文部落アイヌ小学校に学び……」と、自分が旭川にきたのが、いつであるかを示唆していた。

ここで言ってる学校は、上川第五尋常小学校のことだ。大正七年四月豊栄尋常小学校と改められたいわゆる「土人学校」であるが、明治四三年四月、彼女が、一年生に入学したのはこの学校ではなかった。「土人学校」がまだできていなかったからだ。この学校が九月、開校になるまで、彼女は「上川第三尋常高等小学校尋常科」に入学した。和人児童と共学であった。

もし、戸籍年齢でなく、母・ナミの記録で学齢を計算していれば、幸恵はもう一年早く小学生になっていたはずであるが――。

ところで、彼女は、「七つの時」旭川にきたと言ってるが、小学校入学の年だったのか、前年だったのか。

旭川の冬は、北海道でも厳しい。くらべて登別は、雪も少なく、北海道としては温暖なところだ。私は、小さい幸恵には、ひと冬でも遅い方がいいのだが、と彼女の旭川行が気になり、あれこれ探ってみた。

幸恵の旭川行は、おば・マツの足取り次第によるわけだが、マツが旭川の聖公会教会に赴任してきたのは、明治四二年三月、と自分の履歴書に記している。幸恵の学齢の一年前である。

ここで、マツの旭川までの足取りを素描しておく。

マツは、松葉杖を使っていて、生涯独身だった。幼少の頃、家事の手伝いで、棚の上から物を取るとき、踏台から足を外し、転倒したのが元だと言われている。

マツの父の恵里雄（ハエリリ）は明治一九年死ぬ。そのとき母のモナシノウクは三八歳、マツは一一歳、ナミは七歳だった。恵里雄は死んだとき七町歩の土地を残していたが、当時、流行だった野生馬の囲い込みの牧場と農業をやっていた、という。彼の死後は義兄の金成喜蔵がその牧場などの面倒をみていた。ナミが結婚するとき、馬を持参金がわりに持っていけたのもうなずける。

マツ、ナミ姉妹は、明治二六、七年相次いで函館のバチラーのアイヌ伝道学校（愛隣学校）にいく。姉妹のローマ字生活はこのときに始まる。二人は三二年、卒業後、日高の平取教会に赴任する。平取教会にはバチラーの布教を助ける伝道看護婦ミス・ブライアントが着任していた。二人はその補助だったが、ナミは三五年、知里高吉との結婚のため平取を去る。

私は平取でマツ、ナミの生活を知ってる人を探したが、かろうじて在勤時間の長かったマツの名前を記憶してる人が一人だけいた。

マツの旭川赴任は、『日本聖公会北海道教区九十年史』（昭41）に次のようにある。

（前略）（旭川の）近文には、四十二戸のアイヌのモデル・コタンがあった。CMS海外伝道協会は、アイヌ伝道の一端をここで開始せんとし、ミス・ブライアントと平取で働いていた金成マツ伝道師を派遣した。マツは日曜学校を経営、六十五名の生徒を導き、若いアイヌ婦人に裁縫、編物、読書を教えた。（後略）

「アイヌ・モデルコタン」とは近文アイヌコタンのことである。明治二三年、旭川村が開村、続いて屯田兵の入植などで、アイヌは生活の場が奪われていく。そこで道庁は、近文コタンの近く約二〇〇町歩を「土人給与地」に予定、三六戸のアイヌに貸与、農業を奨励した。

同時に、茅葺きのチセ（家）を木造の家に建て替えるなども奨励したが、隙間だらけの木造より従来の茅葺きチセの方が住みよかった、という話しも伝えられている。

この土地は明治三二年の「北海道旧土人保護法」により、かたく保護されなければならない土地となる。

マツがきたとき、其田良雄編「近文アイヌ史年表」（『旭川郷土博物館研究報告』7　昭48）によると、教会の建物はまだなく、「明治四二年五月〇日近文四線西三号琴似栄太郎宅で聖公会宣教師金成マツ布教を始める、集まるもの子供を入れて十七名」とある。当時「近文アイヌの戸数は五十一戸、人口は男一〇九人、女一二四人、計二三三人」。『――九十年史』の数字とは異なるが、人口の合計二三三名中、始めに集まった一七名というのは、多いのか少ないのか。『――九十年史』の傍点部分はマツの役割を語るものだ。バチラーのアイヌ布教策がみえている。

近文コタンの、そういうおば・マツの教会で、知里幸恵は幼少期から多感な青春期まで、一三年間を過ごすことになるわけで、一九歳三カ月の生涯のうち、故郷の登別六年の倍以上だ。登別とは別の思いがあったはず。「近文」を少し鳥瞰してみる。

北海道の中央部をJR函館本線で北上、カモイコタンの長いトンネルを抜けると上川盆地が開ける。晴れた日には大雪山の峰々を望むことができる。やがて、電車が、石狩川の支流、オサラッペ川を跨ぎ、旭川の市街地がはじまって間もなく、うっかりすると見過ごしそうな小さな駅がある。「ちかぶみ」＝近文だ。そこを通過、数分で石狩川本流の鉄橋を渡ると旭川駅だが、近文駅の北東、約一キロのあたりに『――教区九十年史』がいう「アイヌのモデル・コタン」があった。いまの旭川市錦町と緑町。

この近く、北東に約二キロ、国道四〇号線沿いに陸上自衛隊の駐屯地がある。昔、勇名をはせた日本陸軍の第七師団のあったところだ。春光町と呼ばれている。

この駐屯地から旭川駅まで、石狩川に架かる旭橋を通る幅広い道路が繋がっている。往時の師団通りだ。あの太平洋戦争までは、戦場に征く幾万人の第七師団の兵隊がここを通ったことか。征ったまま帰らなかった若者がたくさんいた。こんな噂譚もある。昭和一八年五月、アッツ島の玉砕後、帰国した無言の英霊たちの靴音が聞えた――と。いま、この駅前通りは、平和通り＝「買い物公園」と装いを変えて旭川市の目玉ストリートになっている。

第七師団は、日清戦争直後、明治二九（一八九六）年、札幌におかれたが、対ロシア防衛上から明治三三年、師団の主力を旭川に移す。その場所に繋がって近文コタンがあった。

師団移駐はいろいろな波紋を起こした。

軍隊の施設・設備の整備に伴なう電気・水道など、都市機能設備――公共工事による経済的効果は大きかった。これにより、旭川は近代都市に変貌、人口は明治三三年の約八七〇〇人が、三四年には二倍近く一万三四〇〇人に急増する。

この変貌は前からここに住んでいたアイヌの運命を狂わせる。

七師団予定地には、近文コタンと「土人給与地」が隣接していた。この土地は、「北海道旧土人保護法」により、かたく保護されなければならないのに、この近くに光栄ある第七師団がくることになると、「土人」に給与した土地が惜しくなり、いわゆる〝近文アイヌ地問題〟がひきおこされる。この問題は、延々と昭和まで続き、いまなお近文の人たちの心の底に苦くくすぶっている。旭川郷土博物館の松井恒幸元館長の、「近文アイヌ地問題の発生と残こう」（『コタン」の痕跡』昭46）に詳しい。事件が起きた頃の面白い記録がある。大正一二年、旭川市制施行記念『旭川回顧録』である。それによると……。

――政府は給与地を設け、アイヌの生活安定を図ったが、「政府の意向も現実に永久的なることはできない」と正直だ。師団ができると、「旭川市街地の発展は一瀉千里の勢を示し、旧時の状態を一掃するに及び、各方面の識者は左の理由の下に、土人を他に移転せしむべしと唱道するに至った」。（▲印原文通り）

その理由とは、

一　蒙昧無智にして不潔なる旧土人を、市街の中央に介在居住せしむるは衛生上極めて危険なり。

二　師団及び旭川市街間は、必然連接して大市街となるべく、旧土人の存在は之が発展を防ぐ。

三　市街の発展は永久畑地の存在を許さず。

四　在来の権利を保留し、和人と雑居生活をなさしむるも、彼等は生存競争上次第に和人のため亡滅駆逐せらるべし。

五　在来の旨意により、彼等をして時代に適合したる新移住地を選定して、之れに転居せしむるは畢竟彼等の幸福なり。

みごとな言い分だ。これが誰からも、どこからも指弾されることがなかった時代だったのだ。いわゆる〝大正デモクラシー〟はアイヌには無縁だったのだ。

この「唱道」はたちまち市街開発に拍車をかけ、「未開地処分法」により貸下げを得ようとする者が続出。なかでも、師団の工事請負をしていた「大倉喜八郎氏は之を伝聞し垂涎万丈」（○印原文通り）、「貸下げ許可の手段を講じた。金傑大倉氏の旧土人地の希望は無理もない。面積実に四十五万八千坪であった」。

大倉は陸軍大臣を説きふせ、さらに「欲望の手先となって運動せし連中」を使って、アイヌの有力者に酒をふるまい、給与地を手放すことと、遠い天塩に移住することに同意させた。これを伝え聞いた地元旭川では、やはりこの土地を狙っていた者たちがあわてだし、先を越された腹いせに、アイヌたちに真相をぶちまけた。アイヌはコタンをあげて反対、騒ぎが大きくなった。このとき浜益アイヌの天川恵三郎が応援にかけつけ、東京までいき、内務大臣西郷従道に陳情をくり返した。金田一京助は、天川のことを「アイヌの佐倉宗五郎の話」として紹介している。

この騒ぎは日露戦争中、下火になるが戦後また激しくなり、当時の北海タイムスの「上川時事」欄には毎日のように「旧土人地問題の消息」が報じられている。その間、アイヌ内部にも分裂があり、天川は同じアイヌ側から告訴されたりする。
だから、金成マツが転勤してきた頃、近文コタン内部には、微妙なざわめきがあった、と思われる。

私は、マツ、幸恵の生活を復元するために、彼女たちが起居した教会の大きさを知ってる人を捜し歩き、少し近づくことができた。

マツや幸恵に親しんだ人たちの記憶をつなぎ合わせると、現存してない「マツさんの教会」はこうなる。

玄関ホール？　は一坪ほどの土間と、板敷きのもう一坪の上がり場。脱いだ靴や下駄は、土間左側の棚に置く。玄関ホールの右隣続きにオルガンのある六畳くらいの伝道室。幸恵はここで勉強していた。伝道室続きにやはり六畳で寝室。玄関ホールの奥に板敷き三坪の台所つき茶の間、いわばダイニング・キッチンで、真ん中にアイヌ式の切り炉があった。茶の間続きの土間が炭や漬け物の樽などを置く物置き場。その右、台所の裏側に仕切られて狭いトイレ——。

こんな間取りであるが、大塚一美氏（旭川市住）の三〇年程前の収録テープにマツの生活の一端が語られていた。明治四一年生れ（幸恵より五歳下）の清水キクエさん記憶の、大正の初め頃の教会の冬の場面である。清水さんはつい最近故人になられた。

——マツさんのところでは、冬、ストーブがなかった。炉の、ホタルのアカリみたいなオキが暖であった。マツさんもフチも（モナシノウクのこと）カクマキをかぶって、小さなオキで手をあぶっていた。コタンのワシらの家では、薪をガンガン燃やしていたけど。

よくそれで、旭川の厳冬の寒さをしのげたものである。コタンの人たちは、教会に遊びにいくとき、炭や炉で燃やす薪を持参したという。

小さい幸恵も、この厳しい冬をすごすことになるのだが——。

教会の玄関には、「近文聖公會日曜學校」と、長さ一ｍほど、筆字の看板がかかっていた。「教会」の看板はなかった。『——九十年史』の傍点と符合する。人々は「マツさんの教会」、子供たちは「マツおばさんの日曜学校」と呼んでいた。

清水さんは、こういうことも語っていた。

「日曜学校に子供がいくとき、親たちは献金に一厘持たせてくれた。幸恵さんがオルガンを弾いて、賛美歌を歌うのをマツおばさんはニコニコ笑いながらみていた。私は、マツさんの歩くの、見たことなかった——」

献金は、そのうちどれだけマツの収入になったかはわからない。一度、その献金が盗まれて困ったことがあった、という。教会とコタンの関係を語るリアルな風景である。

幸恵が、松葉杖のマツにとって大事な役割を果たしていたかもよくわかる。

当時の人たちの記憶を合わせると、マツは、旭川にきたとき一人だった。其田のさきの年表によると、教会の建物はマツがきたときまだできていない。「明治四三年五月、近文四線西三号に新設移転」とある。そういうこともあって、母のモナシノウクはいっしょでなかったのだろう。

近文の人たちは、「新らしい教会にはモナシノウクもいっしょに住んでいた」、そして、気がつくと、「いつの間にか小さいメノコ(女の子)がいて、登別の妹の子、って言ってたけど、それが幸恵ちゃんだった」と、話す人もいた。

教会「新設移転」が其田年表の「五月」とすると、モナシノウクと幸恵はそれに合わせて旭川にきた、と考えられないこともない。

私は、いままで幸恵の小学校入学日を「四月一日」にこだわり過ぎていたようだ。考えてみれば、必ずしもそうでなくてもいい。彼女の入学日は、受入れ校と話し合いで、少し遅れたかも知れない。モナシノウクと幸恵の旭川行は、書類上の「五月」完成より前、入居可能状態になったときで、足の不自由なマツは掃除などが助かる。それで、幸恵の小学校入学日は、四月一日ではなく、四三年五月に近い「ある日」、とみてよさそうだ。

こんな私の推理？　を補強してくれる興味深い一枚の写真（口絵写真Ⓑ）があった。

現存している十枚にも満たない彼女の写真のうちでは、いちばん幼い「知里幸恵」の風貌があるもので、私は、彼女の小学校入学のときの記念写真では、と思っている。

この写真を私が初めて目にしたのは、むつみさんのところにあった幸恵の遺品のなかであったが、それは保存が悪く、横に写っている人物の半分が湿度で汚染、不鮮明、誰がいっしょかわからなかった。

同じものが、昭和一二年『婦人公論』三月号に金田一が、幸恵を書いたエッセイに掲載してあって、横にいる人物が父の高吉であることがはっきりした。

幸恵は、椅子に腰かける父の横に立っている。カスリの着物に袴、素足に下駄、右手に下げた籠には造花のバラ、髪は後ろでお下げにしている。ほつれ毛がみえる。そういえばシゲお婆ちゃんは、「幸恵さんは、髪が少しちぢれていた。昔は、女のちぢれ毛は、髪を結うとき困るから喜ばれなかった」と、言っていた。写真では、ちぢれの様子まではわからないが、おでこがやや広く、顔のどこかに心配げなおもむきがある。それがあどけなさを押さえて早熟を感じさせる。

高吉の方は、乗馬用の長靴を履いている。皮製か。ズボンは白系、上着は別色で、三つボタンのスーツ、真ん中のボタンに懐中時計の鎖がみえる。ハイカラーのワイシャツにネクタイ、手首にのぞくワイシャツの袖口はカフスボタンでとめられている。右手にステッキがわりの洋傘、左手でつば広の帽子を左膝に軽く乗せる。頭髪の分け方ははっきりしないが理髪店で仕上げてすぐ、という感じ。ピシッとした紳士姿だ。もともと高吉は、パナマ帽、ステッキ、背広の似合う美青年だった、と伝えられている。

この写真は、二人の着衣から夏でない。かといって、幸恵の素足を見ると冬ではない。秋か春の撮影と思われる。

そして、写真の背景は、幸恵のほかの写真、女学校入学の記念写真によく似ている。旭川の写真館のスタジオである。

それでこれは、盛装した父といっしょのところを見ると、登別から旭川に送ってきた父との、明治四三年四月の小学校入学の記念写真とみて間違いない。高吉、二六歳のときである。

このとき、モナシノウクもいっしょにきたとも思われるが、このモナシノウク効果は大きい。後(7節)でも述べることだが、マツが近文にきたとき、コタンの人たちはマツを、「異端者として冷やかな眼でみて」(『北海タイムス』インタビュー記事、大9・7・2)警戒していた。が、ひかえ目で競争心のないマツにモナシノウクと小さい幸恵が加わった女家族に、警戒心が溶けていった。

近文で生まれ、アイヌ解放運動を続けた荒井源次郎氏（一九〇〇〜一九九二）は、近文におけるマツの意味を次のように語っていた。この人は、アイヌ解放の運動をしていたので、太平洋戦争前、特別高等警察からマークされた人である。

「マツおばさんがいたから教会はコタンの精神的よりどころだった。当時、新聞をとっていたのはコタンでマツおばさんのところだけ。それを読むために、あるいは聞かせてもらうのに、教会に通う人があったし、字を習った人もある。つまり、教会は社会の窓だった。またモナシノウク・フチがいたので、コタンの老人たちはよく遊びにいって、アイヌの踊り、ユーカラなどをいっしょに楽しんでいた。それから、忘れられない大事なことは、コタンの各家のまわりに、花壇といえるほどでないけど花を植えるようになったのもマツさんの教会の庭を見て、株や種を分けてもらってから。いまでいえば文化センターの役割も果たしていたのでは……」

荒井源次郎夫人のミチさん（一九〇五〜一九七五）も懐かしそうに花の印象を語っていた。

「小学校の庭の花壇は、幸恵さんが教会の花の根分けをしてつくった。自分の家の軒下に植えたアサガオが咲いたときはびっくりした。花の色があんまりきれいなので…」

ほかにフジ、アヤメ、スミレ、コケコッコ花（タケアオイのこと、子供たちが花びらを鼻の頭につけてニワトリのまねをして遊んだのでこの名あり）などがあった。

ミチさんは、幸恵より二歳下で幸恵にかわいがられた一人である。

当時、コタンのまわりは、鳥の鳴き声、風の音、星、月、夜の闇など、野性がいっぱいだった。そこに、いままでなかった色どりの花、そして花の香り——コタンには新しい風情であったに違いない。

6 秘話一つ

両親健在な知里幸恵が、なぜ旭川のおば・金成マツのところにいったのか。当時、登別〜旭川は汽車を乗り継いで一一〜二時間かかった。大人でも遠いところだ。そんなところに、小学校入学前の幼子が、なぜ手放されたのか。

幸恵をはじめて世に紹介したのは金田一京助である。彼はたくさんのエッセイであたたかい眼を幸恵に向けている。

そのなかの「近文の一夜」で彼は幸恵を、「マツ刀自の養女」と書いている。いまでも幸恵をそのように紹介する本もあるが、これは間違いだ。

金田一は、養子になった、といういきさつを「葉がくれの花」にこう書いている。

（前略）二人の姉妹（マツ、ナミのこと）の母、「モナシノウクは淋しかった。なぜと云って、夫のカンナリが、この浜つづき第一の豪族でありながら、二人の娘を残して早世した後は、アイヌの習慣で男子の宝は男子が相続するので、夫の富がことごとくが弟の家に移っていく」。そうであるのに、「娘二人は伝道に命を捧げ独身生活を送るとなれば、さしも遠近に知られた旧家がみすみす跡を断つ」。「不幸なことに長女のイメカノ（マツのアイヌ名）さんは」事故のために松葉杖生活、結婚はむつかしい。それで妹・ノアカンテ（ナミのアイヌ名）を結婚させ、生れた子の一人に旧家の跡をつがせた。（後略）

が、これにはいくつかの思い違いがある。

二人の母・モナシノウクは、夫・金成恵里雄と明治一九年死別している。そのとき恵里雄は四〇歳だったから「早生」はあたるかもしれない。が、ここで「この浜つづき第一の豪族」と言ってるのは、「恵里雄」ではなく「カンナアリキ＝金成喜蔵」のことだ。喜蔵は明治四五年八八歳、当時としては長寿で死んでいる。

また、「アイヌの習慣で男子の宝は男子が相続」といいながら、女の幸恵を養子にした、というのもつじつまが合わない。

佐藤夫妻は、「養子ではない。姉さんは死ぬまで知里だった。足が悪いマツおばさんの買い物とか、身のまわりの手伝いだったのでは……」と、言っていた。

「手伝い――？」――私は、即戦力になる年齢ではないのに、と思った。そして年譜（資料15）の幸恵とマツの生活時間の関係を頭に浮かべた。幸恵誕生のとき平取にいたマツは、旭川に赴任する明治四二年までに何回幸恵の顔を見てるだろうか。足の悪いマツのこと、幌別（登別）に帰省はままならない。とすると伯母と姪といえ、マツと幸恵の間には、モナシノウクのようなスキン・シップはなかった。そんなマツのところにいくのは、幸恵はまだガンゼなさ過ぎるのでは……。

私はいままで、モナシノウクが旭川のマツのところにいくので「お婆ちゃんっ子」の幸恵といっしょにいった、と考えていた。が、形は同じでもこれは逆で、幸恵がいかなければならなくなったので、かわいい孫のためにフチもいくようになった——と、このごろは思っている。

ではガンゼない幸恵を、なぜ高吉やナミは、いくら姉とはいえ旭川のマツに託したのか——。

すこしまわり道しながら考えてみる。


父の高吉——彼は、幸恵誕生の翌年一〇月、日露戦争に出征する。蝦夷地が〝北海道〟とならなければ、アイヌの歴史には無関係な事件のためにである。

彼は旅順攻防戦に参加、金鵄勲章をもらっている。生命の危険に対する高い褒美であった。

旅順への途中、広島で集結したとき、上官とこんなやりとりがあった。

「お前はどこからきた」

「北海道……」

「なら、アイヌが多いと聞くが、アイヌはどんな人間か……」

「この私がそうだ……」

上官は、まじまじと高吉の顔をのぞきこんだ。

「そうか、日本人となにも変わらないな……」

高吉が戦争にいったとき、幸恵は満一歳、父の出征の様子は彼女の印象になかったろう。講和会議は明治三八年八月に始まる。高吉の帰還がいつだったか、長男・高央が明治四〇年四月一五日に生まれているから、逆算すると、おそくても三九年五月頃には帰還していたことになる。四二年二月二四日には次男・真志保が誕生。

真志保誕生の明治四二年に、マツの旭川赴任、翌年春、幸恵はモナシノウクとマツのところへいく、ということになる。

その理由など、いまの知里家にとってはどうでもいいことなのだが、私は、ある偶然から、その理由らしいものを耳にした。

高吉とつき合いのあったT家の娘、結婚してB姓を名乗る人から……。

登別は良質の軟石の産出地でもある。明治の後半、登別には軟石切出しを業とする人が何人もいた。話をしてくれたBの父・Tもその一人、本業の傍ら数頭の馬を飼っていた。その頃、登別には、馬主たち共同管理の共同牧場があった。高吉とTは共同牧場の利用者だった。

「小さい頃、私、母から聞いたことなので、記憶違いがあるかもしれません…」

Bはそのとき、札幌に近い小都市の公立病院に入院していた。幸恵と同じ明治三六年の生れだった。

「私の父が死んだのは明治四〇年一〇月でした……」

私は、この人がどうして「父の死」から話を始めたのか、話が少し進んでからわかってきた。

共同牧場利用者は、春、交替で、出没する熊の警戒にあたることになっていた。日露戦争から帰還間もない高吉は、ある日、Tともう一人の三人で、当番の巡回に出た。

三人の巡回は、笹竹の子が生えていたというから六月中旬のことだろう。熊の気配はなかった。巡回が終り、夕方、それぞれの馬を連れて帰ろうとしたときTは高吉に、「おれは竹の子をとって帰るから…」と、一人別れて牧場と反対側の笹ヤブに入っていった。

山林の奥に夕暮れが迫っていた。

馬を引いた高吉たちが、牧場はずれの小路を曲がろうとしたとき、暮れなずむヤブの向こうに動くもの——黒い。熊か!? 高吉は狙いをつけて鉄砲の引きがねをひいた。手応えはあった。が、熊でなかった。「オレだーっ」と叫んで立ちあがったのは、しゃがんで笹竹の子をとっていたTだった。散弾が腰にあたっていた。すぐ室蘭の病院にかつぎ込まれた。傷は致命傷ではなかった。

「しかし、それがもとで父は明治四〇年一〇月に死にました」

知里家にとって大事件だった。高吉は償いに可能な限りの誠意をしめした。

「知里さんは私たち家族の生活のために、土地もやるし、私の兄の教育費も出す……」

Bはベッドで静かに話を続けた。

じっさいには土地はもらわなかったが、なにがしかの生活費が数年間送られたらしい。

聞きながら私は、この事件と幸恵の旭川行を、このときはすぐ繋いで考えなかったが、事実を確かめたいと思った。佐藤三次郎夫妻に聞いて見た。

「おぼろげに耳にある。けど生まれる前のことなので、よく分らない…」

知里家では語りたくない、思いだしたくないことだったから、子供たちに伝わらなかったのではないか――。

実は、巡回に出た三人のもう一人は、高吉の姉・夏の夫になる人。幸恵の幼友達のシゲの夫になった道雄の父であった。

シゲさんは何回目かに会ったとき、共同牧場の秘話？　について、「そういえば聞いたことある……」と、うなずいたことがあった。


私は、事件を追いかけるのを躊躇したが、Bの話の、「数年間の生活費……」というのが気にかかった。額は別として、日銭が入らない牧場と農業が生業の高吉には負担になったのでは――そして、それが幸恵の旭川行がかかわるのでは、と頭をかすめるようになっていく。

高吉はこんなことも言ってたのである。

「もし、そうしてもらえるなら、娘が大きくなったら、私の兄の嫁にしてほしい……」と。

娘とは幸恵のことだ。

このとき幸恵は四、五歳だ。いくらなんでもそれはひどすぎないか。それほど高吉は、事件の償いに心を痛めていたのだ。

「でも、私の母は、いくら酋長の家柄だろうと、アイヌの娘はイヤだといった……」

私は、なんと痛恨なことを聞く、と思った。

「私は、小学校に入ってからですが、幸恵さんのお母さんからシトギ(穀類の粉でつくったダンゴ)を食べさせてもらった記憶あります。それからしばらくして母が再婚したので、私たちは登別を離れました……」

病状がすすんでいたBの顔には、恩讐はなかった。懐かしい思い出を語るような静かな口調だったのが、いまでも耳に残っている。

私は、古い新聞にあたった。

Bは「父が死んだ明治四〇年一〇月」と言った。それで私は、事件が起きたのは、その年の「笹竹の季節」、六月前後と思い込んで新聞を捜した。記事はなかった。念のため前後の年も見たが、やはりなかった。

新聞に出てないから、事件がなかったことにならない。私は、旧司法省調査課発行『司法研究』(北大図書館蔵)も見た。昭和九年第一八輯「アイヌの犯罪に就て」の統計に室蘭区裁判所管内のが載っていた。見ると、明治三八年二件、四二年、四三年が各一件ずつ、三九、四〇、四一年には関係事件がない。

私は、高吉の事件が、『司法研究』のこの数字のどこかに入っていれば、警察か地方検察庁に引き継がれているのでは、と考えて、登別を所管している室蘭警察署に行く。が、ここにもなかった。係は、「殺人事件でも一五年たてば時効です。そんな古いものはここではわかりせん」と、いいながら、「地検にいけばあるかも……」と、教えてくれた。

室蘭地検に行く。

親切な担当者だった。耳にしたことのない事案を捜すのに、彼は、何十年も人手に触れてない、埃の積もった書類綴を何冊も調べてくれた。手も顔も黒くなっていた。時間がヨーシャなく過ぎていく。これ以上は頼めない。これで終りにしよう、と、「もう一年前を見て下さいませんか……」と、わがままをいってみた。しばらくして書庫から、分厚い綴を抱えてきた担当者の顔を見て、私は誘われるように立ち上がった。

「ありました。一年前のに……」

明治三九年七月一〇日付けの書類に、「過失傷」、「罰金十圓」と記されてあった。旅順から帰還して間もなくだったのだ。

「略式判決だからここにあった。でなければ、当時は札幌にいってたはずだから……」

私には、担当者の埃で黒く汚れたい顔が御光で輝いて見えた。繰り返し謝辞を述べる私に、彼は、「その被害者、翌年死んだですね。古いことでわかりませんが、一年以上もたっての死であれば、死因をこの過失に求めるのはむつかしいのでは……」

と、感想をつけてくれた。

私はほっとした。高吉も聞きたかったろうな、と思った。

高吉は、そんな感想がでるのを知らずに、事故後、数年間、日銭収入の少ないなかから、償いを続ける。これは当時の知里家には、重い負担だったのでは——それに、高央、真志保の二人の子供も生れていた時期である。

そしてその頃、ナミと姑・加之の間はまだ修復できてなかった。それ故に入籍してない高吉夫妻は、誕生した二人の息子を、ナミだけの子として出生届をだしていた。高吉夫妻には、物・心両面から少しでも軽くなる必要があった……。

そんなときマツの旭川転勤。体の不自由なマツには手助けになる身内がいてくれることはありがたいこと、小学校に入るいますぐマツの期待に沿うことはできなくても、女の子のこと、用にたつようになるのは早い……。両親を離れても、孫をかわいがるモナシノウクもいってくれれば、お婆ちゃんっ子の幸恵は心強い。

が、幸恵は、いくら、「山のフチ」のモナシノウクがいっしょであっても、ほんとは親許を離れるのは本意でなかったようだ。

ずっと後、近文コタンで親しくなった友人に、「両親といっしょに暮らせるあなたは羨ましい、しあわせだ……」と言っていた。

幸恵がシゲさんと、遊んでいるとき、

「私、旭川の学校にいくから……」

と言っているが、どんな思いだったろうか。

彼女は、自分が旭川にきたことをどう理解していたのだろうか。

「A様」ほかの「手控え」には、そのことも書きたかったのでは――。

人は、多くのホントのところを知らないでこの世を去るもののようだ。私はいま書きながら、さっき地検での感想は、高吉だけでなくBにも聞いてほしかった、と思った。彼女もほっとしたのでは……。

7　新しい母校

私は5節で、幸恵の旭川行を明治四三年の四月中の「ある日」まで迫ることができた。そこでも述べたが、彼女が初め入学したのは、コタンの東北、約一キロにあった上川第三尋常高等小学校。ところが、九月、コタンのほぼ中央にいわゆる「土人学校」が「上川第五尋常小学校」という名称で開校、学年途中だったが、アイヌの児童はここに移された。

この学校は大正七年豊栄尋常小学校と改称、一二年三月廃校になっているが、この学校には『豊栄小学校沿革史』という筆で書かれたていねいな記録がある。それによると、学校の規模は、二〇坪の教室がふたつ、三〇坪の室内運動場に教員住宅も合わせて計一三五坪とある。開校当初、職員は一人だった。

この新しい学校に移籍された児童数は、明治四三年九月現在で男女各一五名。幸恵の学年の一年生は、男子四、女子四の計八名だった。

移籍前の第三小学校一年生が何人クラスだったかはわからないが、幸恵たちアイヌの子供を送りだすとき、担任教師は何と説明したろうか。

この年、幸恵たちアイヌの子供には無関係のことであるが、五月には大逆事件関係者の逮捕、八月には日韓併合があった。

幸恵がこの新設小学校を卒業した大正五年、入れ代りに入学した、松井マテアルという後輩がいる。家が近くで幸恵にかわいがられた人である。この人が大事にしていた、女の子ばかり八人に一人の男性教師が写っている写真に幸恵がいた。

前列の一番背の低いのが知里幸恵だ。

よそゆきの緊張した顔だ。横顔が半分の男先生は「学校の最初の山田好長先生」だという。背景の建物が新設の学校、とするとこの写真は、この年九月一三日、開校日の記念写真ではないか。そう見ると学年順に並んでいるように見える。学籍簿上は女子児童数は一五名であるが、うち停級者二名、それにこの日は不登校者があって写真に写ったのはこの八名だったのでは――。

学校とマツの教会は、学校の屋外運動場をはさんで一〇〇mほど離れていた。運動場は、期せずして意味合いの違う二つの共用広場になっていた。

教会は、キリスト教でアイヌを教化しようとするし、学校は教育をとおして、アイヌを同化、皇民化しようとする。この二つは、互いに競争相手だったが、アイヌを自分の方に変容させよう、としているところは共通していた。

荒井源次郎は、教会はマツがいたから「いまでいえば文化センター的役割」を果した、といってるが、一〇〇m離れてできた学校も、重い役割を担っていた。

学校の前で行なわれている楽しそうな、いまでいえば町内会の運動会の写真がある。いつのものかは分からない。学校の前の白樺が風景に馴染んでみえるから、学校の新設直後ではなさそうだ。一五人ほどの婦人が一列に並んでいる。みな和服。スタートしようとしている。後に学校の玄関。ガラス窓がぜんぶ外された教室から身をせり出して応援している人たち。そのなかに笑っているマツがいる。

窓のすぐ下には一mくらいの幅で砂利が敷かれている。その外側、幅五mほどがふだんは通学路らしい。それが走るコースになっている。

窓枠の上に交差した旗竿、竿先についている日の丸の旗の端がみえる。

みんな笑顔だ。学校は、このようにコタンの集会の場としての役割も大きかった。

学校は開校から、大正一二年三月の廃校まで四人の校長が勤めている。初め、校長が一人勤務だったが、助教がおかれたこともある。明治三七年、北海道庁から関係市町村への訓令によると、経費節減と称して、「教員ハ月俸十二円以下ノ者ヲ採用スルコト」になっており、無資格女教員を教壇に立たせたこともあった。職員録では、二人の校長夫人が代用教員をして共稼ぎしているのがそれだろう。

『――沿革史』には、几帳面に開校から閉校までの来校参観者の一覧がある。一三年間で一万五四四六人。初めは少ないが後半は、年に一〇〇〇人を超えるようになる。一〇〇〇人とすると、夏・冬・春の休日と日曜祭日を除く登校日は二五〇日だからいち日、四人のお客さんだ。北海道博覧会のあった大正七年は一番多く三六二〇人、観光スポットの観がある。

この学校の授業風景の絵葉書がある。来客向け土産としたものらしい。

一つの教室で二人の先生が教えている。複式授業をしているのだ。男先生は高学年、国語の時間なのか、一人の男の子が立って教科書を読んでいる。低学年担当の女先生は机間巡視している。卒業生の記憶によると、二人は赤松則文・赤松安子の夫婦先生だという。大正五～七年頃の校長だ。幸恵は大正五年三月卒業だから、この写真にはいないことになる。

子供たちは男女とも和服、洋服は一人もいない。冬なのか着ぶくれしている。

同じ写真が『教育新聞』（東京・教育新聞社）の大正七年八月五日号一面に使われているから、撮影はそれより前ということになる。その新聞にはこんな解説がある。

（前略）元来彼等と我々とは風俗習慣がまるで異って居り頭脳の程度も余程違ってゐるところから遂に（内地人との混同教育は）不可ということになり、別に教育することになった。建物は内地の学校より余程立派（中略）、児童の面容にアイヌ魂がほのみえているのが面白いではあるまいか。その女性の頭髪にカチュシャ掛けがのって居るのがしほらしいではないか。（後略）

アイヌの教育は、明治四一年、新たに「特別教育規程」がつくられ、明治三二年の「旧土人児童教育規程」は廃止になった。しかし、「特別教育規程第六章ニ依ル特別教授ニ関スル注意要項」（道庁訓令第二八号）により、以前より細かい指示が加えられ、各教科目ごとに注意すべきことが念押しされている。

例えば歴史については、

日本歴史ヲ授クルニハ旧土人ニ関スル事歴ハ特ニ注意ヲ加へ、美徳ハ之ヲ賞揚シ、徒ニ不快ノ感ヲ起サシムルノ如キ之ヲ避クヘシ

とある。日本人とアイヌの由来に、為政者は目をつむるわけにはいかず、扱いを年とともに慇懃にせざる得ないのだ。また、

学校ノ儀式ハ総テ厳粛ニ執行シ、成ルベク父兄ヲ参列セシムヘシ

ともある。「旧土人学校」にも、「日本帝国天皇陛下夫妻」の「御真影」と「教育勅語」が下賜されてあり、祝祭日には、子供たちは直立不動で恭しく頭を下げて「教育勅語」を謹聴し、「御真影」に最敬礼する儀式があった。

学校がもつ文化センター的？　機能には、こういう仕掛けの実践機能も含まれていた。

そういう学校で知里幸恵は六年間、教育を受けたのである。

彼女は小学校四年生のときの習字を一枚遺している

屋敷土蔵座敷
台所湯殿便所
　大正三年二月二十日
　上川第五尋常小学校　第四年　知里幸恵

「土」「台」以外は画数の多い字ばかりだ。一字、一画筆運びに集中させている緊張感が迫ってくる。一字一字につけられた丸と、総評「甲」の朱は黯ずんでみえる。この年、教師は小副川豊次郎校長とその夫人が代用教員として勤務していた。四年生の彼女を担任したのは校長の方だった。評価もその先生。家に持ち帰ったとき、マツと祖母のモナシノウクから、「よかったな……」と喜び、褒められたことだろう。

この一枚は、知里幸恵がこの世に遺した最初の自己表現である。

ほかに、小学生の幸恵に近ずけるものとしては一〇枚ほどの賞状があった。年代順に並べて見る。一年生のはなかった。二、三、四年生には、「本学年間無欠席ニ付之ヲ賞ス」という皆勤賞、五、六年生には精勤賞を受けていた。通知箋はなかった。

学校とマツの家＝教会は一〇〇mほどの近さだから、通学に苦はなかったろう。が、それにしても六年間、雨の日、風の日、雪の日、体調の悪い日があったはず、無欠席、あるいは精勤はたいへんな持続力だ。

彼女には女学校後半から心臓疾患があらわれる。それが死にいたる病なわけだが、賞状類でみるかぎり小学生の頃にはその兆しはない。四、五、六年には「学業優等ニ付キ賞品ヲ授与ス」という賞状がある。「賞品」が何かはわからない。六年生卒業のときには「操行善良」と誉められている。

卒業証書があった。通算の証書番号は「第一二号」。この番号は学校に記録されている在籍者数と合わない。途中、落伍者のあったことがうかがわれる。

幸恵と親しかった荒井源次郎夫妻や松井マテアルさんに、学校での幸恵のある日、あるときを聞いてみる。


一年下の荒井ミチさんの話。

彼女が三年か四年生のときのこと。

昼休み、ミチさんは、遠くないわが家に昼食を食べに帰った。学校に戻ってくると授業が始まっていた。いまのように電池の時計でない。ネジを掛け忘れていたのだ。言い分けをする日本語がとっさにでてこない。先生は理由も聞かず大声でどなり、おどおどする彼女を殴った。「二間くらい飛ばされて、尻もちをついたとたん、恥ずかしいことに、オシッコをもらしてしまった」。なりゆきを見ていた幸恵はだまって、「私を廊下に連れだし、始末をしてくれました。先生はただ見ているだけ……」だった。

殴られた衝撃で鼓膜が破れたミチさんは、生涯、片方の耳が聞こえなかった。

少年時代、やんちゃだった荒井源次郎氏は、三年下の幸恵を殴ったことがあった。それを見つけた先生は源次郎少年を教室の後に立たせた。そのとき幸恵は、「私が悪いのだから……」と先生をとりなした。以来、「自分より年下なのに彼女が姉さんにみえるようになった」という。

登別のシゲさんも年下の幸恵に「姉さん」を感じたことがあったが、幸恵にはそんな雰囲気があったのだ。

幸恵が六年生のときこんなこともあった。

教師が、なにかで教室を留守にするとき、彼女に下級生の自習のめんどうを頼んででかけた。そんなとき、下級生のミチさんたちは大喜び、先生に教えてもらうよりよくわかった。

「幸恵さんは、オルガンをひいて歌をうたってくれたり、アイヌレヘ（アイヌの名前）で私たちを呼んでくれるので気持ちがほっとしたし、むつかしいところ、アイヌ語で教えてくれた……」

六歳下の松井マテアルの思い出――。

彼女の家では、彼女が小学校に入る大正五年頃、会話はアイヌ語だった。だからアイヌ語を知らない先生の授業は理解できない。「恥ずかしい日」が毎日続いた。

それで彼女は、入学と入れ違いに卒業した幸恵のところに友達と連れだって勉強を習いにいった。幸恵が帰ってくるのは、授業が午前中で終る小学校低学年のマテアルたちよりずっと遅い。「私たちは、オルガンのある部屋（マツの教会）で待っていた」。幸恵は「アイヌ語に日本語をまぜて教えてくれた」。

こうしてマツの教会は、学校の授業についていけないアイヌの子供たちの息抜きの場、〝私塾〟の役割を果たしたわけで、さきほど、荒井ミチが話していた、教師留守のときの幸恵の授業とあわせて、〝知里幸恵〟は、アイヌの子供たちの心の解放区だったことになる。

ずっと後、日本の植民地時代の韓国でも似たようなことがあったのを、韓国の友人から聞いたことがある。

韓国語を知らない日本人教師の日本語による皇民化教育は、韓国の子供たちは理解できなかった。教師から叩かれたものだという。

昔、子供たちの遊びは、棒きれ板きれがあればよかったし、ちょっとした広場はすぐ子供天国になった。近文の子供たちもそうだった。

そのひとつに〝子供熊まつり〟があった、と荒井源氏郎氏は語っていた。

〝熊まつり〟――これは神＝カムイ＝熊の肉を頂戴して霊をカムイの国に送るという、コタンの敬虔な行事である。〝土人学校〟では、偉い人が参観・視察にくると、プログラムに〝熊まつり〟を組んで歓迎した。

『豊栄小学校沿革史』には、「大正六年七月二十九日東久邇宮稔彦王殿下、畏クモ当校ニ臨マセラレ校舎内ニ御休憩ノ上校庭ニテノ熊送式御観覧上ノ校庭ニ蝦夷松一株ヲ御手植アラセラル」とあり、続いて八、九、一〇年と毎年皇族がきて、「熊送り」（熊まつり）をみたあとは、ていねいに植樹を忘れていない。いま、その樹は残っていない。

子供たちはそれを真似して遊んだのである。文化伝習？　だった。

子供たちの熊まつりはそれなりに恰好がついていた。まつりに大事な削りかけの御幣＝イナウを子供たちは、手近にあるヨモギを束ねたホーキを逆さまにして代用した。

大人のまつりでは、イナウを高く差し上げ、「ヘッサーオー、ヘッサーオー」と歓びの声で山奥＝神の国に熊＝カムイの霊を送る。が、子供のまつりでは、その叫びがいつの間にか、「ヤッソー」「ヤッソー」となって、送りの列がマツの教会に向かった。

子供熊まつりの企画はガキダイショウの源次郎少年だった。こう振り返っていた。

「幸恵さんのいないときを狙ってやったもんだけど、見つけられると、静かに怒られた。彼女は、大人の熊まつりも見世物でやるときは出てこなかった……」

子供たちが、マネごと熊祭りで、「ヤッソー」「ヤッソー」と、マツの教会に向けて行列をすすめた話しを、私は、なにげない無邪気な遊びとして、と聞いた。が、考えてみると、これにはコタンの大人たちの深層の気持ちが投影されていた、とみることができるのを後で知った。

マツは、新聞記者のインタービューで（『北海タイムス』大9・7・27〜29）、「和人必ずしも善人のみとは限りません。ずゐぶん紳士として非常識な方もおりますが――」と前おきしながら次のように応えていた。

（前略）翻って同族の生活を思うとき、どうしてじっとしてゐられませう。一日も早く蒙を啓いてと思います。同族には統一された宗教的観念というものが乏しい為に、今でも私達を異端者として冷やかな眼でみてゐる人達が多いのです。（中略）目下日曜学校には四十人程も集まりますが、若い人達の折角の芽生えも家庭の慣習に依って蹂躙されて了ひます。（中略）年寄りを差措いてまでもとは今の場合事情が許しません。私達の仕事が理解されるのは十年も後の事でせう。（後略）

最後に（茂）と署名がある。インタービュー記事なのでマツの言葉を正確に伝えていないだろうが、深層にマツの苦悩が隠れているようだ。

人間の心の動きは一筋にはいかない。

近文コタンの人たちにも一筋でないものがあったのだ。

マツは、同じアイヌではあるが、近文コタンではよそ者だった。しかもアイヌの神とは違うキリスト教＝ヤソの伝導者だ。表向きとは違う陰の空気が大人たちにはあったろう。子供たちの「ヤッソー」「ヤッソー」にはそれが垣間みえる。

マツ一家は、だから近文では、和人からと、同族のアイヌからと二重の冷たい視線を浴びていたことになる。

幸恵が熊まつりに距離をおいたのは、そんな視線と無縁でない、と思う。

モナシノウクは、嘉永元（一八四八）年生れだから、近文で娘・マツといっしょに暮らすようになった明治四三年は六二歳だった。彼女が、コタンの老人たちと茶飲み友達になれたのは、よそ者であっても、また別の神様の伝導所であっても、布教を強行しないマツのところが女所帯で集まりやすかったからだろう。思いがけない教会効果であった。

その頃、近文の女性にはユーカラを語る習慣がなかった。ユーカラは男のもの、とされていたのである。ところがモナシノウクやマツはそれをやる。「近文のものも聞かせてほしい」、「いっしょにやろう」と、いうことになり、以来、近文でも女性がユーカラを語るようになった、という。このことは、アイヌの口承文芸の伝播、変容の上で、個人の役割を考える好例として見逃せない。近文の女性のユーカラは、たどればモナシノウクやマツと親しかった人につながる。

マツが近文に残した遺産は、キリスト教よりこの方が大きいのではないか、と思う。マツが近文を去るのは昭和二（一九二七）年である。二〇年近く伝導婦としてここにいたのに、近文のコタンにはクリスチャンが少ないのは、彼女が信仰を強制しなかったからだろう。

マツの近文での生活は楽ではなかった。聖公会のバチラーから仕送りの有無は不明。とにかく貧しかった。

彼女の生活の一端については、5節の清水キクエ記憶の冬の日を思いだしていただきたい。マツはクリスマス近くなるとワラジをつくって売っていた。材料は乾燥させたトウキビ(トウモロコシ)の皮。秋、近所からもらいストックしてあった。一足、二銭五厘。ワラジつくりを幸恵といっしょに手伝ったマテアルさんは、「できが少々悪くても、コタンの人たちは買ってくれた……」と語る。こんなところに身体不自由なマツと通じあっていく近文の人たちの心がみられる。

ここで、この節の前半や4節で触れた、同化教育の効果例を二つあげておく。

その一　明治三二(一八九九)年、「北海道旧土人保護法」の制定五年後、明治三七年一一月、バチラー八重子の故郷の近く、虻田の「土人学校」で学ぶ小学校三年生の子供の作文。「日ロノセンソー」と題がついている。(『虻田第二尋常小学校同窓会記念雑誌』明42)

日ロノイクサハドー云ウワケデハチマッタカト云ヒバ、ムカシニッシンセンソーノトキニワガクニガシナカラトッタリョートーハントーヲロシアハワキカラジャマヲシテ、トートーソレヲカエサセマシタガ、マモナクロシアハソコヲシナカラカリテ、テツドーヲヒキ、ヘイタイヲオイテイロイロナランボーヲシテダンダンシナノマンシュウヤ、チョウセンマデモジブンノモノニシヨウトシマシタ。ワガ日本デハシナヤチョウセンガイジメラレルノヲミテイラレナイカラ、タビタビダンパンシマシタガ、トートーダンパンガハレツシテイクサヲハジメタノデアリマス。イマイクサヲシテイルトコロハソノマンシュウデス。

この作文が、教師により、どう添削されたかは知るよしもない。幸恵が知里シゲさんと登別で遊んだ手毬つきの歌、「イチレツ談判ハレツして、日露戦争会いにくる…」（4節）を思い出す。

その二　バチラー・八重子の弟の片平富次郎（一九〇〇～一九五九）が、「小学校で教わった道徳道」を振り返って書いた一文（『ウタリ之友』昭8・四月号）。片平は八重子以上にバチラーの布教に協力した人だ。

我々が満六歳で小学校に入学する。ハナ・ハト・マメと学問の第一歩に入るのだ。その頃から人の道だとか、道徳だとかという事を修身で教わるのである。が何だか判らんから先生に聞かれた時に答ができるだけ暗記をする。ところが小学校をでて少しはものの判りかける頃には、其の教わった人道だとか道徳が甚だしく我々を束縛していることを感ずる。ことに青年時代にはそれを甚だしく感ずる。――

暗記といえば、子供たち、一年生の修身に「テンノウヘイカバンザイ」があった。高学年では、「国史」で、「天孫降臨の神勅」＝「豊葦原瑞穂国は我が子孫の君たるべき地なり。汝皇孫ゆいて治めよ。宝祚の隆えまさんこと天壌とともに窮まりなかるべし」を暗記させられた。

こういうアイヌの子供たちへの教育の仕掛けは、植民地の朝鮮・台湾でも同じだった。もっといえば沖縄においてもそうであったことを日本史は銘記しなければならない。

知里幸恵が卒業するときもらった賞状のなかに「学業優等」という文言があった。彼女は、心底、誇らしく思ったろうか。彼女の心の奥底には晴れないものがあったのでは……。学校の先生はそれに気づいていなかった。

私は、ここでまた彼女の「A様」の数行を思い浮かべる。

73P
14 畑にすみ、七つの時旭川の
15 伯母の所へ参りました、
16 御存じ近文部落アイヌ
17 小学校に学びそこで
18 尋常小学校をへて
19 くやしい…さう思う私の
20 生活は実に学校

松井マテアルさんはもう少しあとに、幸恵の欝屈した心底をのぞくことになる。

8 「知里幸恵は旧土人なり」

大正六年四月、知里幸恵は旭川区立女子職業学校（以下、女学校と略記）に入学した。前々年五月開校した三年制の学校だった。

彼女は、四月一日、両親に合格を知らせる葉書を二枚書いている。「絵はがき」と「官製はがき」、ともに几帳面な字配りだ。

絵はがきの方。

拝啓

まえからしばらく御心配下さいました旭川区立職業学校受験の結果は幸い四等にて合格いたしましたから何卒御安心下さいませ。タイムスで御覧になることでせう。

さようなら（Y2）

消印には午後〇時〜三時の投函時間が印されている。絵はがきの狭い通信には喜びがいっぱいあふれている。

官製はがきの方は午後三時〜六時の消印がある。小さい字で急ぎの用件が書かれている。入学通知をよく読んで戸籍抄本の必要を知り、その送付依頼をしたものである。

拝啓　この度区立女職校に入学いたします。戸籍抄本が是非要るのですからお手数ながら何卒四月の九日までにお送り下さるやうに願上ます。もし抄本がなければ、折角四等で合格しても何にもなりません。何卒くれぐれもお願い申上げます。三日か四日か二日にはきっとタイムスにも出るでせうから、大きい目をうんと開けて御覧下さい。先ず先に『此の中に第四位まで入学せる知里幸恵は旧土人なり』って書いてありますからハボ（habo母、ナミのこと）なんか、目、とっくりかえして腰ぬかすかもしれませんからお気をつけなすって。ふち（huchi祖母、加之のこと）早く来ればいいな……。
九日に戸籍抄本をもって行くのですからそれにおくれれば困りますから、どうかかはいそうに思って早く送って下さい。高央、真志保、御べんきょうなさい。お願い申しあげます。（Y3）

二通とも差出人住所は教会のある「旭川区五線南二号」であるが、先の絵はがきの自署は「金成幸恵」、受信者名は「知里高吉」だけで「ナミ」はない。が、もう一枚は「金成」姓ではなく、「知里幸恵子」と「子」がついていて、宛先には「高吉」「浪子」と両親の名が並記されている。

そして、送ってほしい「戸籍抄本」が三度もでている。つかんだチャンスを逃したくない気持ちが痛いほどに伝わってくる。

役場にいってもらってくる時間と、当時の郵便事情を考えると、一日午後投函して、九日の入学式に間に合わせたい、だから八日までに送ってほしい、というのは冒険だったのでは——。

この冒険の危機感には、少しあとで述べるようなことがあったからだろうが、本文一行目の右に、《百十名の中で四番ですからえらいでせう》、一〜二行目の間にカタカナで、《タクサンオイワヒシテチョウダイナ》とある。両親への彼女の甘えの微動が読みとれる。自署の「子」もそうか。

彼女のことが新聞にでたかどうかは分からない。私が調べた範囲では目にとまらなかった。「第四位まで入学せる知里幸恵は旧土人なり」が、なかったことで私はほっとした。しかし、葉書に、そう書いた彼女の心が私には痛い。世間の平均的な見方、アイヌに対する常套語、「旧土人」が彼女の脳裏に焼きついていたのだ。

二枚目に、「ふち早く来ればいいな……」とあるのは、加之が遊びにくることになっていたのだろう。ちなみにこの年、加之は六四歳、高吉三三歳、ナミ三八歳、マツ四二歳、モナシノウクは六九歳だった。

幸恵は、この学校の学籍簿に次のように記録されていた。

氏名北海道平民
　　知里幸恵
　　　明治三十六年六月八日生
入学年月日　大正六年四月九日（注・さっきの戸籍抄本はこの前日までにほしかった）

入学前の経歴　上川第三尋高　高一修

出生地・本籍　幌別郡登別村番外地

住所　　　　　旭川五線南二号（母ト共ニ）

保護者　知里高吉（本人トノ関係）兄

（職業）キリスト伝道

保証人　金成マツ（本人トノ関係）叔母

（職業）飲食店

戸籍抄本は間に合ったようだ。

幸恵は戸籍上、高吉・ナミの子供でなく祖父母の波ヱ登・加之の四女として届けられていたことは2節で述べたが、高吉は、したがって学籍簿のように「兄」になる。それはそれとしても、職業が、マツとともに正確でない。なぜこう記録されているのかわからない。

幸恵が女子職業学校に入学した大正六年は第一次世界大戦四年目。主戦場が遠いヨーロッパの戦争の勝者側に参加した日本は、火事場泥棒よろしくにわか景気、北海道にもおこぼれ成金が叢出、北海タイムスは大正五年一二月五日、社告を出して、成金情報の提供を全道に呼びかける。

曰く豆成金、曰く澱粉成金、曰く大根成金など今年の北海道は大分成金を産しました。我が社は是等成金諸君を聖代の幸運児として深く之に敬意を表し明年初摺の紙上に北海道成金番付を発表しようと思います。

成金がたくさん生まれても、一般の生活は苦しかった。成金景気と裏腹に、インフレによる物価高で全国的に労働争議が続発していた。北海道では、大正六年三月の室蘭の日本製鋼所のストライキが注目された。ストライキのため大砲が納期に間に合わなくなり、ために第七師団の藤井団長が自ら出向いてまで弾圧した。この騒ぎは、室蘭に近い幸恵の故郷、登別でも話題になったことだろう。

同じ七師団の力は、小さい知里幸恵の前にも立ちはだかったことがあった。

それは、さきほど「戸籍抄本」の送付依頼をしたときの、彼女が抱いた危機感に関係する。

実は知里幸恵は、区立女子職業学校入学の前年、大正五年三月、北海道庁立旭川高等女学校を受験、だが不合格になっていた。

市民の間にこんな噂が流れた。

ほんとは、幸恵は、受験者中、最高点だった、というのだ。

が、それでは学校は困るのだ。軍都・旭川の庁立の中・女学校には、当然、軍の高官や有力者の子女が入ってくる。そういう誇りある学校に、異教徒クリスチャンの、しかも自分たちより数段低いはずのアイヌの子供に最高点で入られては示しがつかない、というのが理由である。

彼女の点数が、じっさいに最高点であったかどうかはわかからない。しかし、翌年、女子職業学校に「四等」で合格していることを思うと、合格点はとれていたと思う。

女子職業学校は、実習科目が多く、教材費がかさみ、しかも生徒の身なりも派手で、裕福でない家庭の子供は敬遠する傾向があった。マツの収入を考えると、幸恵の場合、出費の少ない庁立女学校を目指すのが順当だ。

噂は信じたくない。しかし、もし事実だっとしたら、取り返しのつかない無惨なことだ。

さきの二枚目の葉書の、戸籍抄本を依頼した心情に危機感がありそうなのは、一年前のこんなカゲが去来していたからか――。

二枚の写真がある。

ともに女学校入学後のものであるが、腰をかけた方は(口絵写真Ⓐ)、庁立高女に落ちた後、一年通った旭川区立上川尋常高等小学校高等科一年生の担任・伊藤正明先生のアルバムにあったもの。もう一枚、立っている方は、幸恵が生きていれば結婚生活が続いたはずの村井曾太郎の妹・伊賀富子(大6生)がもっていたもの。ともに幸恵を胸に深く生かし続けた人である。

大正五年、編入してきた幸恵のクラスを受けもったとき、伊藤先生は二五歳だった。

先生は、古いアルバムを開いて思い出を話してくれた。

「この写真は、幸恵さんが職業学校に入って間もなく、私のところに持ってきてくれた記念のものです」

幸恵は、入学記念の写真を恩師に見てもらいたい、と思ったのだろう。先生夫人も当時、同じ学校に勤めていて幸恵を知っていたことは、私にはありがたかった。女性の記憶でやわらかい補足をしてくれた。

「そういえば、この写真のように、あの頃はニコニコがすりが流行っていました」

伊藤先生は続けた。

「この人は、高等科一年になってから私の受け持ち学級に編入してきたのですが……」

「土人学校」は小学校六年生までだったので、それ以上は高等科のある学校にいかなければならなかった。

その頃は、生徒たちのなかに偏見の空気が強かった。教師にもアイヌの子供をバカにする人がいたから、子供たちはよけいだった。一年から六年まで合わせて四〇人そこそこのアイヌ児童ばかりの小学校から入ってくる幸恵は、さぞ心細かったことだろう。新しいクラスは男子三三人、女子一〇人の計四三人、アイヌの子供はほかにいなかった。担任の伊藤は、幸恵がくる前にクラスの子供たちに、「偏見をもって迎えてはいけない」と、よくいい聞かせてあった。

この学校には、実は幸恵には数カ月の思い出があった。「土人学校」に集められる前、入学していた第三小学校がここだったのだ。校名が変更になっていたのである。したがって四三人のなかには、幸恵を知ってる子供もいたはずだが、伊藤先生の事前指導は役にたたなかった。クラスの女子は幸恵と机を並べるのをいやがったし、「アイヌの分際で高等科に入ってくるとは――」と、かげ口をいうものがいた。用のあるときだけしか話しかけない。

7節でも引用した「北海タイムス」インタービュー記事でマツはこんなことも言っていた。

（前略）私の娘（幸恵のこと）が北門小学校に通ってゐた頃子供達が娘の身辺につきまとふて鼻をクンクンさせながら、「この愛奴は臭くない」などと嘲笑しますので、娘は学校へ出る事をいとひました。私もそのいじらしい事を見ると可愛想ではありましたが、和人に負けてなるものかといふ気持ちで娘にもいろいろいい含めて励ましたものでした。（後略）

こんな空気だから友人はできず、幸恵にとってこの学校は居心地のいい場所ではなかった。同級生、伊藤先生には、共通して残っている幸恵の印象がある。作文が上手だったこと。

「それに字がうまかった。返すとき、みんなに読んで聞かせたものです」

勉強のなかでは数学と体操が多少苦手だったようだ。

「運動神経が少し鈍くみえたのは、心臓が悪くなる兆しからでしょうか」

と、先生はいう。

静かで孤独な幸恵は、クラスの男子の目には、「ほかの女の子より大人びてみえたし、子供心にも目つきが情熱的で、仕種に色気があった」と、映っていた。

そういう高等科一年生のときの両親あての手紙が一通ある。半紙三枚、毛筆。さきの葉書より先である。彼女のその頃に近ずくことができる。一七通残っている手紙のなかで一番最初のものだ。巻末に全文を載せる（Y1・資料11）。

この手紙には日付がない。封筒もない。だから、これを書いた日時がすぐわららない。が、文中に、「秋も早やたけなは」と、また、「聯合共進会は八日」は、『旭川市史』から「大正五年一〇月」の「上川外四郡旭川地区連合物産共進会」であることに近づけた。それで、これは、幸恵の高等科一年生のものと分かった。

手紙は「御父上」の病気見舞いから入って、「共進会」でのできごとがを中心に、集めた砂糖を送るとか、キリブ(kiripo肉の白身)を猫が食べた、など日常の些事まで書きながら、学校のことが一つもない。日々の学校生活には書き送ることがなかったのだろうか。

違う。さきほど、マツが新聞記者に語ったようなことを、幸恵はくやしそうにマツに話している。「A様」73Pの17~20行にはこの学校の一年間も含まれているだろう。高等科一年、十三歳の彼女には、そういう学校の空気は、親に報告するには重過ぎたのだ。

文中の「イレスキをじさん」とは、高吉のまたいとこの盲人だった人で、無声映画時代の当時、〝活動小屋〟で弁士のしゃべりを壁ごしに聞き覚えて、翌日、近くのフチたちに得意の尺八をおり交ぜてユーカラ風に聞かせて人気があった。

この手紙を書いた大正五年は、第一次大戦の成金景気にわいていたのに、幸恵は、「いかもたくさんとれて、おあしもたくさん」、「ハボも大事にいかさき(注・イカの加工)して下さい」と、親の家計を心配している。さらにあちこちからもらいものの砂糖一樽、やはりもらいもののキリブまで送り届けようとする、まだ十三歳の少女の心根がいたいたしい。

またこの一三歳の少女は、「他の学校から出た生徒」、つまり和人の生徒に、「私等のアイヌ生徒」を対置したところに自分がいることを知っていたのである。

これは半年後、女学校合格を両親に知らせた葉書に、「知里幸恵は旧土人なり」と書いた筆に繋がっている。幸恵が、そういう明確な認識をもっていたことを、学校の先生、同級生は誰一人知らない。

そういう内心がやがて、あの「手控え」やまた『アイヌ神謡集』の「序」(資料6)につながる。

この手紙には、猫が一匹登場しているが、マツは猫に限らず犬もよくかわいがった。動物好きは、知里家、金成家に共通した家風のようだ。ずっと後、知里真志保が東大に通っていた頃、下宿に迷い込んできた野良犬に自分の食べるものを残して与えていたことがあった。

幸恵が庁立旭川女学校を受験、不合格になった噂は伊藤先生も耳にしていた。先生は、彼女からこんな相談を受けていた。

それは女子職業学校の新一年生の彼女のクラスの「副級長を受けたらいいか、どうか」という相談だった。さっきの入学の記念写真をもってきたのは、そのときという。

当時、級長、副級長は学業成績順に学校がきめていた。この学校は、幸恵の入学の学年から甲、乙二学級編成になったので、入試成績四番の彼女は乙組の副級長という巡りになる。

が、彼女は、この巡りを受けるかどうかを迷ったのだ。嬉しいことなのに、そんなことで悩み迷う幸恵がいとおしかった、と伊藤先生は顔に刻まれた皺を深めていた。

見知らぬ女の子ばかりの、派手好みの女学校では、妬み、そねみがひそやかに火花をちらす。たった一人のアイヌが副級長で目だっていては妬みとそねみが集中するのでは……。

高等科の一年間にも、偏見に耐えていた彼女を見ていた伊藤先生は、つらいこの相談に、どう答えるべきか、いまもらったばかりの記念写真を見ながら迷った。

写真の背景は、どこかの公園のようにしつらえてある。写真屋の小道具である。小学校入学のとき、父・高吉と撮った同じ写真館らしい。

コブのある小枝を組んだ椅子に幸恵は腰をおろしている。袴の裾の連続山がた白線はこの学校の象徴だ。左手のこうもり傘、と右手に軽くもった造花のバラ一輪。その両手が少女らしくふっくらしている。面長、広いおでこに小学校入学の記念写真の面影が残っている。しかし、まゆ毛、ほほ、口もとなどに、高等科の男子同級生が「大人びてみえた」という女らしい線がある。

……

先生は幸恵に、「一歩、さがったところで、健康の方を大事にしたらどうか……」と、話した。

先生は、「そんなことを言った自分が、卑怯に思えて、その後、ずーっと、気になっていました……」と、言っていた。

幸恵はこの意見にしたがったのか、一年生のときは副級長になっていない。

しかし、一年生学年末は、学籍簿をみると平均点八七、席次四番とある。それで彼女は二年生では副級長を受けている。金田一は『私の歩いて来た道』で、「二年になったとき選ばれた級長を副級長に下がって和人のお嬢さんにゆずった」と、いっているが、これは間違いだ。

副級長の様子を彼女は、大正七年五月頃、両親宛の長い手紙で次の様に知らせている。

(前略)今日は授業が五時間しかないのですけれども副級長の当番で御座いますので、お掃除の監督をしたり先生の御用をたしたりいたしまして帰りがおそくなりました。四月十八日付で今学期間の副級長の辞令をいただきましてから随分いそがしくなりました。金曜と土曜がお当番です。仕事は朝学校へ参りまして今日の時間当番、掃除当番を決めて黒板にかいて掃除のあとをしらべます。昼休、放課後には生徒が先生に製作物を出すものや、その他生徒が先生に言いたいことなどを職員室へ行って出したりします。(後略)(Y4)

この手紙は後ろが脱落しているのでどれだけ長かったかわからない。ふつかがかりで書いたもので四百字原稿用紙九枚分が現存している。前半には、「生徒が三百八十人、先生が十四人で何不足なく勉強ができます」と言い、校長、教頭以下、一四人の教師の印象を書いている。

「教頭の松丸先生も亦相変わらずいい先生で、毎週二回の体操を赤いおひげを撫でながら教えて下さいます。それであざなを亜かひげ先生と申します」、また、理科と数学の石田先生は、「非常にきびしい先生で、怒るときは教室もつぶれるかと思はれますほどおそろしいけれども、みんながおとなしく勉強するときはおやさしくて、それはそれは慈愛のふかいお父様のやうな気がします。きびしいから生徒はみんな石田先生を嫌がりますけれども……私はかへって石田先生が一番好きだと思います。今日は数学の試験があって私は満点でありました」などなど——。

彼女の寸評は、一人一人、一四のおもしろい短いエッセイだ。彼女の好感度に比例して寸評字数が多くなるようだ。

こうした観察のあとにいまさきの、副級長の自分の仕事を付け足して、その後に、「級長様は伊達という方でやさしいいい人です」、「副級長は国本と云う方と私と二人で勤めていて、私ども三人の責任は頗る重大」と書き進めている。

手紙に登場する同級生の名前はこの二人だけ。教師は一四人に「小使いさんが二人、給仕が小娘一人」とまであるのに——。

私はまたここで「A様」を読む。

9 「海が懐かしくて…」

前節引用の幸恵の両親あて、ふつかがかりの手紙をもう少し読んでみる。

ふつかめは、「今日は四時半に帰りました」からはじまる。筆は、この日の快晴のせいか明るい。「日本晴れの好天気で、涼しい春風がサッサッと袂を払う心地よさは何ともいへないほどです。朝晩一里半近くずつあるいて居ますので身体が至極達者で……」とある。

一里半は約六キロ、いまの高校生ならバス、電車通学の距離である。

前節終りの、「級長の伊達」、「副級長の国本」はふつか目の頭部分で、同級生の名前はこの後出てこない。運動場の桜、落葉松の若葉に囲まれた校舎を紹介しているうちに筆は、「登別の春はどんなにかきれいでせう」と望郷感に一転、彼女は、二カ月先の夏休みが待ち遠しくなる。

（前略）夏休みが楽しみです。もう六十七日ありますね。その間私はほんとうに奮励努力しなければなりません。学期末にはどんな成績が発表されますやら……。お土産のお伽噺種々様々なおはなし、それから歌って聞かせて上げる唱歌などをどっさりためてゐます。どうしてどうして二年ぶりですもの。（後略）（Y2）

これで見ると、彼女の予定している帰省は高等科一年生の夏休み以来二年ぶり。

(前略)今年もグスベリを沢山食べられるやうに祈ってゐます。私は海が懐かしくてなりません。四方が山ですから何処を見ても木ばかり草ばかり家ばかり、見渡すかぎりはてしもないやうな上川平原は、それはそれはいい景色ですけど、海がないのが何だか物足りないやうな気がいたします。(後略)(Y4)

私は、何回か読み返しながら、幸恵が、手紙の途中から一転、なぜ強い望郷感に打たれていくのか、考えさせられた。

ここで彼女の学校生活に立ち入ってみる。

彼女は朝夕、「一里半」、六キロの道を歩いて登校していたわけだが、この学校は、手芸、裁縫、料理など実習科目が多いので、教科書のほかに実習用具がかさばる。雨の日はその上に傘を持つ。また旭川の冬は厳しい。途中、石狩川の旭橋を渡るときの強風、凍てついた雪は辛かったに違いない。

彼女の学籍簿の「身体ノ状況」欄には大正七年七月四日検査の数字が載っている。身長一三四センチ、胸囲七三センチ、体重四四・三キロ(度量衡換算)とある。当時の文部省統計の同年齢(一五歳)少女の標準値はそれぞれ一四七・九センチ、七三・九センチ、四四キロ。彼女の数字は体重以外、一二歳値だ。これで六キロを毎日往復するのは負担だった、と思われる。

金田一は幸恵の通学の様子をこう書いている。

（前略）朝々、遅れまいと急ぎ足で通う少女の脚には余りにも遠過ぎました。その為、心臓をなおさら悪くして、大事な卒業の三学年は病褥の上に大半を過ごしました。それでも、平素の力で卒業ができましたのみならず、在校中は副級長に選まれ、抜群の成績をかち得て、和人のお嬢さん達ばっかりの中にただひとりアイヌ乙女の誇りを立派に持ちつずけました。（後略）（「知里幸恵さんのこと」）

この小柄な、アイヌの少女の学校生活の断片を、私は同窓会名簿をたよりに、旭川に住む同級生四人から聞くことができた。

四人は、長い年月で、さだかではなくなった幸恵の印象を語ってくれた。机を並べたことのある同級生は——。

「私たちからみても、小柄だったが大人びてみえた——皆といっしょに笑っていても片ほほから笑いが消えていくようだった」

そんな彼女だったから、まわりに近ずくすきを与えなかった。いつも、悩みをためているようで、うちとけなかった。それでもひょいと、人だまりに交わろうと、一歩、足を踏み出すが、思い直してその足をひいて自分から遠ざかる。悩みをまもるように——。

ここでまた、「A様」の数行を借りて先をつなぐ。

75P
18 私はほんとうに学校
19 でも特別な生活

72P
1 生徒でしたから。
2 在学三ヶ年間、私はどなた
3 ともしんみりとした友情
4 を持って語りあったことは
5 ございませんでした。だから

自分からは口かずの少ない幸恵だったが、こんなことを聞いた人もいる。

「私、朝、手首の毛を剃ってくるのよ……」

彼女はそれをいつも気にしていて、手首を着物の袖口でかばうようにしていた。

「私たちと変わらないのに、と思った」

と、言っていた。

私は、聞きながら、弟の知里真志保が、山田秀三と風呂に入っているとき、「山田さん、ボクは毛が少ないでしょう、アイヌだってみんなが多いわけでない。シャモと同じなんですよ」と言ってた、という話を、思いだした。

同級生は、こんなことも言っていた。

「服装はいつもきちんとしていました。それは自分たちの種族の低さを見られまいとするようでした」

同級生が発した「種族」という単語には、「低さ」が当然、というその頃の和人の視線がひそんで聞こえた。

同級生の一人が、「これは幸恵さんと関係ないことですが――」と、前おきして、こんな話もした。

雑貨商の娘だったこの同級生は、友人ちとの学校帰り、いつも自分のうちに買物にくる顔見知りのアイヌの青年に話しかけた。すると、彼は彼女にちょっと頭を下げてすぐ次の角を曲がっていった。しばらくしてその青年が買い物にきたとき、「――さん、途中で声をかけなくていいんですよ」と、いった。友人といるとき、アイヌの知り合いに挨拶しなければならないのは、きまり悪いだろう、とおもんぱかってである。

「私は、しょっちゅう買い物にきている人なのでなんとも思わなかったんですが、言われてみると、いっしょにいた友人、ヘンな顔してた……」

同級生たちは、幸恵の死後、『アイヌ神謡集』が出たとき、「あのひがみっぽいアイヌの娘がね」、「そう言えばあの人、三年生の終り頃、ときどきノートに英語、書いてたわね」と、複雑なジェラシーを交えてびっくりした。「英語」というのは、幸恵のローマ字の練習のことだ。

教室のなかでは、教科にはない「英語」勉強に対しても冷たい目があったのだ。


その頃の幸恵の内心を垣間みた人がいる。小学校の後輩の松井マテアルである。

勉強を教えてもらうのに、マテアルは、教会のオルガンのある部屋で女学校から帰ってくる幸恵を待つのが習慣になっていた。幸恵はその奥の部屋で袴を脱ぐ。マテアルは襖ごしに着替える幸恵をみるのが好きだった。頼もしいお姉さんにみえた。偉い人にみえた。幸恵の声が聞こえた。

「学校にいくの、面白い―？」

マテアルは、「うん、面白い――」と答えて幸恵の顔をみた。幸恵が「そおー」という顔をしたので、

「私も、幸恵姉さんみたいに上の学校にいきたい……」と、言った。

すると、幸恵はいっしゅん間をおいて、

「そんなに勉強したい―？　勉強、教育なんて、何さ――」

と、言った。いつにない鋭い声色だった。マテアルはつぎほを失った。それで、「いまでも、私は忘れられない、幸恵さんが、そのあとに言ったこと」と、幸恵の言葉を暗誦していた。

「教育なんて何さ、教育ってそんなに大事なもの？　差別されてまで学校にいきたいかい？　肩身のせまい思いまでして上にいきたいの？　それよりも勉強がいやになったら、自由にはばたいたらいい。強くなりなさいよ――」

私はここでまた「A様」を読みたくなる。

幸恵は、女学校の最後の年、三年生の後半は体調を崩し学校は休みがちだった。三月、卒業後は、病院通いを続けていた。病気の様子は東京の金田一京助に知らせていたようだ。彼女に上京をすすめていた金田一からの葉書から分る。

大正九年三月（日付不明。東京の風景絵葉書）

（前略）何といふ悲しいことでせう。実はもうお卒業の三月ですから、いよいよ今度は御出京のはこびにでもなるかしら、そしたらせまいけれどうちへ来ていただけますかなど手紙をあげて見よう、（中略）御病気とは夢にも思いませんでした。お大事になさい。一番若い人が何とした事でせう。神さまに任せて楽観しながら、御保養の事、くれぐれも御願ひします。（K4）

この後、四月五日に同じ東京風景絵葉書の葉書がきている。「その二」とあるから「その一」があったのだろう。

（その二）本当に今年こそ渡道したいのですが、どうなる事かわからなくなりました。この物価騰貴で、うっかり行くにハ行っても帰れなくなりなどしてハいけませんからね。フチが恋しくなりましたよ。（中略）ひまがあったらウエペケレでも書きつけてゐらっしゃい。そのうちに、手帳を御送りしましょう。僕のユカラの研究も御目にかけます。さようなら！（K5）

定職のない金田一の、戦後不景気でままならない様子が出ている。

ここで幸恵に理解を寄せていた教師一群に触れておく。

大正九年三月、卒業して二カ月後の五月一七日、母あての手紙に書かれた教師群像からである。この手紙は、前節七年五月の両親あてより長く、このなかからも、教師たちの幸恵に対する理解距離と彼女の好感距離の相関がわかる。

彼女の病気を、何人かの教師はそれぞれのかたちで見舞い、励ましていた。幸恵はその励ましをすなおに受けて、嬉しさを両親あてに報告している。

その一人、割烹、裁縫担当で、二、三年生の担任だった女教師・玉橋先生。幸恵を「二年間、母子のようにかわいがった人」。この人へ好感度はかなり強い。新潟出身、父親の不幸があって、幸恵たち受け持ちクラス卒業に合わせて退職。帰郷途中、汽車の中から見舞いの葉書を送っている。「知里さんは気をしっかりもって外のことをくよくよ心配せずに養生すればきっと早くなほるからだです」とあった。「旭川を去るにのぞんで数ならぬ私を御わすれなく御便り」をくれたことに、幸恵は「涙とともに感謝」と、喜んでいる。

病気で気弱になっていたこともあるだろうが、傍点のところが気になる。先生は、かわいがっていただけに、同級生の幸恵に対する雰囲気を知っていた。「外のこと――」とはそのことをさしている。幸恵は、その気くばりに「感謝」している。

また、わざわざ家まできて、「病気はどうだね、十五日は(開校五周年)記念日だからぜひ来たまえ」と誘ってくれた国語の鎌田先生。

そしてもう一人、小樽出身の本間重先生。図画、割烹、作法の教師で、幸恵はこの先生にもかなり傾倒していた。幸恵たちの卒業に合わせて退職、故郷の小樽に帰ったこの先生からは、「(大9年)五月三日」、見舞いの手紙がきていた。幸恵はその手紙がよほど嬉しかったのか、「五月十七日」、両親宛ての手紙に内容を抄録して伝えている。

幸いこの先生の手紙は保存されていた。幸恵宛ての手紙では、両親、金田一、村井曾太郎以外で私が見たのは、この人のだけなので、巻末に掲載した(資料7)。

この手紙の「あなたのなすべき事」、「あたへられた自分の才能をすべて発揮する」、というあたりに、玉橋の「外のことをくよくよ心配せず」と同じように、私の目が留まる。やはり、幸恵をめぐるクラスの雰囲気を知り、知られている関係にだけ通いあう波長がありそうな気がするのだが――。

私は、こう思うことがある。

幸恵は、退職で帰郷がきまったこの二人の先生には、金田一からのさきほどの葉書などを見せながら、相談していたことがあるのでは――と。

そうとすれば、二人の先生とのやりとりは、ここにはほんの一部しかでてないがうなずけてくる。

ちなみにこの玉橋、本間ふたりは、まだ若い先生だった。大正九年四月退職したとき、明治二七年（一八九四）生れの本間は二三歳、明治二九年（一八九六）生れの玉橋は二一歳、明治三六年（一九〇三）生れの幸恵とは年齢が近かった。孤独な幸恵は、姉妹のような親近感でふたりの先生に相談ができたかもしれない。

金田一は幸恵から聞いたこんな話を書いている（『心の小道をめぐって』昭39・三省堂・講演記録）。女学校に入ったとき同級生から、「ここはあんたのくるところじゃないわよ」と言って、遊びの仲間からはずされた。それで彼女は、「悲しくて悲しくて、涙をポトポト落しながら、明日から、こんな冷淡な人たちの中にくるもんか、来るもんかと」と、思いながら学校から帰った。

知里幸恵は女学校からの帰り道、高等科一年の担任の伊藤先生のところに立ち寄り、雑談のなかに相談ごとをしていた。

副級長を受けるかどうかもその一つだったが、数年後、上京した彼女から、その頃は樺太の学校に転勤した伊藤に手紙が送られてきたことがあった。

「七、八枚の便箋にびっしりと書いてあって、額にいれて飾りたいようなきれいな字でした。金田一先生のところでアイヌの神謡をノートにしている、などとありました……」

残念ながら、手紙はもう老先生夫妻の手もとにはなかった。

幸恵の発信簿には大正一一年「七月七日樺太伊藤先生」とある。

10 「近文の一夜」

「近文の一夜」は、この本ではもっと早く書いた方がよかったかもしれない。知里幸恵にとっても、また金田一京助にとっても、ということはアイヌ研究史にとっても、二人のこの出会い、「近文の一夜」は忘れられない重要な意味をもっているからだ。

私はこの本に、いままで〝金田一京助〟にたびたび登場してもらった。言語学・国語学で大きな功績を遺し、太平洋戦争後の日本人の言語生活に大きな影響を与えた人だ。また、アイヌ研究史もこの人抜きには語ることはできない。が、最近では過去の人になってしまった。人の記憶のこんなうつろいをみると、人間もまた、地球舞台の小道具、〝消え物〟でしかない、と思ってしまう。

そう思いつつ金田一京助をおさらいする。

明治一五（一八八二）年、盛岡生。盛岡中学、仙台第二高校（旧制）、東京帝国大学言語学科卒、国語学者、アイヌ語学者。啄木との交友は有名。経済的に、あるいは職場の処遇に不遇時代があったが、業績は恩賜賞、文化勲章に輝き、昭和四六年一一月、九〇歳で逝去。死亡広告で遺族が、「京助はすでに功なり名遂げ」と言えるほど、その生涯は幸せであった。

彼の業績中、アイヌ学の比率は大きく、その大成には彼自身が認めるように、知里幸恵との出会いが不可欠だった。とすれば彼の幸せは幸恵に負うところ大、ということになる。こういう言いかたは、知里幸恵に関心を持ち、アイヌ研究史のなかの金田一の役割を攻撃する人たちからは強く批判される。（注2）

が、批判はどうあれ、もし、「近文の一夜」がなければ、幸恵には別の〝生〟があったはず。とすれば、「近文の一夜」は、二人には大きな〝出会い〟であったことになる。

金田一は、この出会いを、彼の年譜の大正七年の項にこう記している。

八月ユーカラを求めて北海道を踏破。東は厚岸、釧路、北は北見の美幌に及び、西は天塩、石狩に至る。近文で金成マツ、知里幸恵に会う。札幌にミス・ヤエ・バチラーと語る。

「北海道を踏破」とは、大ぶりに聞こえる。だが、年譜は、七七歳の喜寿をこえた頃の作だから、若い頃の旅は、美しい冒険的印象で回想されたのだろう。

大正七年は北海道では、「開道五十年」のお祭りが繰りひろげられた年である。「蝦夷」を「北海道」と呼ぶようになった明治二年（一八六九）八月一五日からの計算で、この日を中心に前後二カ月、札幌・小樽が会場の「北海道博覧会」が呼びものだった。

お祭りは、大正二年の大凶作に打ちのめされた道民への景気づけの企画だった。ところが翌三年からの第一次大戦の思わぬ好景気、だが、庶民は急激なインフレで生活は苦しかった。戦争は大正七年一一月に終るが、八月のシベリア出兵と米価騰貴からの米騒動は、北海道にも波及が危ぶまれ、米騒動を報じた八月一七日の『北海タイムス』は発禁、道内各地での富商の米の安売りでどうにか事態を切り抜けた。

旭川では、大正三年、一升一二銭だった道産米が七年には四四銭になっていた。

そんなとき、J・バチラーの紹介でモナシノウクのユーカラを聞くために金田一が、マツのところに訪ねてきた。彼の有名なエッセイ、「近文の一夜」の幕あけである。

この年、金田一は三四歳、少壮のアイヌ研究者、まだ有名ではなかったが、マツには上司のバチラー紹介の先生、ということで大事なお客さんだった。

しかしこの幕開けのとき、金田一には、やがて彼にとって重要な役割を果たすことになる知里幸恵という少女と出会いの予感はない。

エッセイの最初の二行は、

「旭川の郊外、近文のアイヌ部落に、土人学校の隣と聞いて、やっと辿りついたカンナリさんの家は、はや夏の日もとっぷり暮れた夕闇の中にあった。」

と、なにげない。

「夏の日もとっぷり暮れた夕闇」とは何時頃だったろうか――。

「御免下さい」

と三度声をかけても「はい、はい」と返事があるだけで誰も出てこない。

軽い咳払いのあと四度目の声をかける。ようやくマツが出てきた。咳払いは訪問を告げるアイヌのしきたりだ。マツは客を見てびっくり。ちょうどそこに、「阿母さん、只今」と、少女が帰ってきた。幸恵である。

マツは、幸恵が、「阿母さんをからかって『御免下さい』といってる」と思って返事をしなかったのだ。こんな小さいできごとを彼は「恩情ナンセンス劇」と書いている。この「ナンセンス劇」で大笑い、「快くこの家の式台を上がることができた」。

マツは、「炉の埋火を掻き立ててそこへ」金田一を案内、「ランプを明るくして」団欒が始まる。旭川市街地に電灯が点灯されたのは明治四一年であったが、この頃、近文のコタンにはまだ配線されてなかった。

「―ランプを明るくして、それから四人、炉の四辺を囲んで」、金田一の「聊かばかりの手土産を開いてお茶を飲みながら、初対面ともなく、言葉のこと、アイヌの昔咄や四方山咄に興じて、夏の夜の逸早く更けるも知らずに過ぎた」。「遅くなったと気が附いた時には、もう旭川行きの終列車が出てしまった後だった」。

マツの教会は近文駅から歩いて一〇分。発着する汽車の汽笛は聞こえる距離である。

当時の列車時刻表を見る。近文発午後一一時四三分、同一一時五〇分旭川着。「御免下さい」と声をかけた正確な時刻はわからないが、旭川の、「夏のとっぷり暮れた夕闇」を午後八時前後とすると三〜四時間話しこんでいたことになる。

汽車をやりすごした金田一にマツは、「泊まっていらっしゃい」と言う。が、さて客を泊めても食べさせるものがない。インフレ下、収入の少ないこの一家は、食べるものは切り詰めていた。女学校時代の友人は、幸恵が、昼、ジャガ芋を弁当箱のふたでかくすようにして食べているのを見ている。

客を遇するのに困って、アイヌ語でやりとりするマツと幸恵のようすを、金田一は次のように記している。


（前略）

「泊まっていらっしゃいませ」

と云いながらもアイヌ語で口々に、「だって明日何を差上げる？」「上げるようなものがあって？」「お口に合う様なもの何も無いんだものなあ」と、嘆くのが、私にそれとわかった。私は、その気遣いが身に応えて、

「いや、そのことなら、何も御心配いりません。どうか、ジャガ芋を茹でて下さい。北海道のジャガ芋はおいしいんですものね。私は、日高や北見などでも、よくそうして貰うんです」

と云うと、わかられまいと思ったアイヌ語の内輪話の、わかられた驚きを搗《つ》き混ぜて、笑いこけながら、

「だってそれではあんまり…」

「お気の毒で」

「お気の毒だなあ」と顔を見合わせる。よく気転のきく娘さんが、

「お隣の学校の先生のお宅へ願って上げてみましょうか」

と駆け出して行ったが、断わられて帰って来、

「では、むさくるしくっても、御辛抱下さいますか」

と、次の間に寝蒲団を敷いてくれた。床を敷きながら、「若しや蚊帳だけでも貸して貰えないかしら」と、娘さんが今一度お隣へ借りに行ってくれたが、それも断りが来たらしかった。


ここには、コタンを回るとき金田一は、ジャガ芋をご馳走になりながらアイヌに世話になっていた様子が描かれているのだが、それよりも、客をどう遇したらいいか相談する二人のアイヌ語会話を聞いて、アイヌ語と日本語、二つを巧みに駆使する幸恵の言語生活に驚く伏線がある。


ところで私は、「近文の一夜」が、八月の何日であるか、知りたい、と思った。

金田一年譜の「八月、北海道の東と北、西を見て近文」の条から、それだけ回ってからとすれば、その「一夜」は八月後半、と私は考えた。

が、ところがコースは逆だった。「大正七年八月一五日」の消印ある、「釧路にて　金田一京助」から「胆振國登別村　知里幸恵様」あての葉書があるからだ。

志ばらく御無沙汰、その後お変わりありませんか。お別れしてから、名寄、帯広を見て、又ここに来ています。吉田巌さんのところで伏根君と逢い、大いに談じ合いました。ここは土人がすっかり開けて研究の資料はありません。これから厚岸に参ります。御地方は二十三、四日になりませう。御機嫌よろしゅう、さようなら。（K1）

この葉書の「志ばらく」が何日くらいか不明だが、「厚岸」の後に「御地方」、この場合、幸恵が帰省中の登別に立ち寄りたい、という文意だ。

それにしても、「土人がすっかり云々……」を、幸恵はどんな気持ち読んだろうか。金田一京助博士にしてこのような言葉がはばかられないで使われていたのだ。

ここで金田一の足取りを並べると、「近文の一夜」は、「名寄」以前であって、八月初めか七月末、ということになる。

このことは、（資料8）のナミからマツにあてた大正七年七月三〇日の葉書からも確かめられる。この葉書は2節にも引用したが、「ユキエ31ニチニデモ　クルカト　マッタケ　ishrikuran（がっかり）、3日ニクルナンテ　マチドオシネ」（幸恵31日にでも来るかと待ったけど〈来ないので〉がっかり、3日に来るなんて、待ち遠しいね）とある。それで、「近文の夜」は八月三日よりは前、というところまで近づくことができた。

ナミが首長くして待ったのは、7～8節の幸恵の手紙にあった二年ぶりの、彼女の帰省である。

「近文の一夜」の現場にもどる。

マツの家に泊めてもらい、一夜明けた金田一が、「顔を洗って炉ばたへ来て座ると、炉の上には、大鍋にいっぱい、蓋をもちあげて、丸々太ったジャガ芋が茹っていた。ジャガ芋を頬ばりながら」、彼は、「あの広い蚊帳の中へ、家の人達は、いつ来て寝て、いつ起き出たかが不思議に」なる。このとき七〇歳のモナシノウク、四三歳のマツ、一五歳の幸恵の女性三人が、しかも教会で、どうして三四歳の男とひとつ蚊帳で寝ることができるのか——こんなところが金田一の〝学者バカ〟と、言われるところである。

この夜、女三人は、「終夜、蚊遣りを焚きながら炉ばたに座り明かした」のだが、昨夜からの「ナンセンス劇」で打ち解けたマツは、金田一に幸恵の学校での成績品を見せることになる。

（前略）成績品を通して見た幸恵さんは、驚くべき才媛でした。殊に作文が一番御得意で大抵は甲上・甲上上などという特点の圏点だらけのものでした。試みに読んで見ますと、それは実に流麗な国文で、立派な美文になっているのでした。それは誤字とか仮名遣の誤りというようなものが、一つも見出されませんでしたので、大したものと驚嘆したことでした。驚嘆はそれのみに止まりませんでした。（後略）（「故知里幸恵さんの追憶」）

彼は思わず、「こんなに日本語が上手では、幸恵さんは、かわいそうに、アイヌ語はちっともできないんでしょうね」とつぶやくと、「ぷろろーぐ」に書いたように、マツはこう応えた。

「そのくせ、幸恵ったらお婆さん子なもんですから、片ことからアイヌ語で育って、今では大ていの大人が及ばないんです。お婆さんの口まねでユーカラさえやるんですよ」（注1）。

このとき金田一が、幸恵はどのくらい「お婆ちゃんっ子」なのかを、もう一歩踏み込んでいれば、幸恵の〝アイヌ神謡集〟の道への展開はもっと早かった、と思うが惜しいことをしている。彼が、彼女の実力を知るのはもう少し後になる。

金田一は、マツの応えを聞いてそのとき、「どのくらい伸びるものか、一つ東京へ出して勉強をさして上げたいものだと」と、宿題にする。

そういう「お婆ちゃんっ子」の幸恵のことだから、身近なものからは「アイヌ・レヘ（アイヌの名前）」があって、それで呼ばれてはいなかったか、さがしたが誰もしらなかった。

金田一のこの宿題がやがて幸恵の『アイヌ神謡集』ほかの筆録ノートに繋がるわけだが、マツの家で別れるとき幸恵は金田一にこんな質問をする。

「先生は、私たちのユーカラのために、貴重なお時間、貴重なお金をお使いくださって、御苦労なさいますが、私たちのユーカラはそういう値うちがあるもでしょうか」

彼はこう答えた。

「ユーカラというものはあなた方の祖先の戦記物語だ。詩の形にうたい伝えている叙事詩という口伝えの文学なんだ。それは、民族の歴史でもあると同時に文学でもあり、また宝典でもあり、聖典であって、いまの世にそれをそのまま生きて伝えている例は世界にユーカラのほかにない。いまこれを書きつけないと、あとではみることも、知ることもできない、貴重なあなた方の生活なんだ。だから私は、全財産をついやしても、全精力をそそいでもおしいとは思わない」

彼の語りには聴き手を魅了する熱っぽさがある。これは五〇年前を回顧した金田一の語りからだから（『私の歩いて来た道』昭和43・講談社）、多少の美化作用は差し引かねばならない。（岡茂雄『本屋風情』昭49・平凡社）

熱っぽい金田一の応えを聞いて幸恵は、

「先生、はじめてわかりました。私たちはアイヌのことといったら、なにもかも恥ずかしいことのようにばっかり思っていましたが、いま目が覚めました。これを機会に、私も全生涯をあげて、祖先が残してくれたこのユーカラの研究に身を捧げます」

大きい目に涙を浮かべた、一五歳の少女のこの決意を聞いて金田一は感激する。

「幸恵さん、いいところに気がついてくれました。いまに私は、北海道にじいさん、ばあさんでなしに、あなたに聞きに参りますからしっかり勉強しておいて下さい」

金田一は幸恵との出会いの「近文の一夜」をこのようにまとめている。

松井マテアルさんは、マツや幸恵と楽しそうに話している、見知らぬ男のお客さんを窓ごしにのぞき見していた。「近文の一夜」が明けて、幸恵の成績品をみながらの談笑のときだったろう。

私は、金田一がすぐ近い小学校に顔を出していないか、『豊栄小学校沿革史』の「来訪者名簿」を見てみたがなかった。あれば「近文の一夜」の月日がはっきりするのだが。余談だが、この「来訪者名簿」に記載されてる顔ぶれが面白い。実に多士済々だ。

例えば甘露寺東宮侍従、陸軍省軍医総監森林太郎、俳優中村鴈次郎、陸軍大学校長宇垣一成、救世軍山室軍平、貴族院議員徳富蘇峰・同夫人など。教育関係者に並んで軍関係者の名が目立つのは奇異である。名簿は「重なる来校者」となっているが、金田一は「重なる」数に入っていなかったのだろう。


「近文の一夜」をまわりの人たちからみてみる。

金田一が、最終列車に乗りそびれてマツの家に泊めてもらうことになったとき、幸恵が、「隣の学校の先生」のところに、「泊めてもらえないか」、それがダメなら「蚊帳を借りれないか」と、「願って上げてみましょう」と出かけて、「断わられて帰って来」る。その先生とは、マツ一家とは親しいつきあいがあった佐々木長左衛門校長のことだが、金田一の筆が、そっけなくただ、「断わられて」とあるものだから、それで、この先生は、アイヌに冷たい先生、と言われ、長左衛門の死後、遺族はこの風評に悩むことになる。

が、子息・豊氏の語る佐々木家の実状はこうであった。

「大正七年、父は三六歳、小さい住宅で客間はなし、蒲団だって余裕はない。当時、客用蚊帳を持っているのは、よほどの金持ちだけだったのでは。だから、急に頼まれてもどうにもならなかった……」と。

もう一人、その頃の佐々木家をよく知ってる人がいた。長左衛門の姪・小林してのさん。幸恵より二歳下。「近文の一夜」の頃の数年間、叔父の校長住宅に寄寓、女学校に通うかたわら、佐々木家の家事一切を切り盛りしていた。長左衛門夫人が結核で寝たきりだったからである。

私が、してのさんに会ったのは、札幌の郊外の病院であったが、数年前、故人になった。

「その頃、叔父の住宅は、居間のほか二間しかなく、大正七年の夏も叔母が寝込んいました」と、こんな思い出も添えてくれた。

「金成さんのところには風呂がなく、叔父のところによくもらい風呂にこられました。私がご案内にまいりましたが、ご一家は、待つ間、お茶を飲みながら楽しそうに話をされてました。叔父もクリスチャンだったので話が合ったと思います。幸恵さんは声のきれいな方で、十勝の田舎、農家育ちの私なんか、くらべものにならないていねいな言葉使いでした。女学校は別でしたが、途中までいっしょのとき、当時は袴ばき下駄での登校でしてね、下駄の鼻緒がきれることがあった。そんなとき幸恵さんは、ちゃんと応急にすげる予備をもっていて直してくれました……」

佐々木豊氏、小林してのさん、身近かな人でなければの記憶である。

この「泊めてもらえなかった」「蚊帳をかりれなかった」にはこんな後日譚もある。

佐々木長左衛門には『アイヌの話』という本があるが、大正一五年八月の再版に寄せた金田一の「序文」からである。


（前略）（「近文の一夜」から）五年目に再び近文へ回ったときイメカノさん（マツ）が天塩（注・名寄の村井家）へ行って不在だったのですぐ隣の小学校をおとずれた。（中略）（佐々木に会い、このときあの夜の頃の佐々木家の様子を聞いたり、この本の「序」を依頼され)、『宿かさぬ人のつらさをなさけにておぼろ月夜の花の下臥』――あの夜あんな風にしてマツさんの許に御厄介になったばかりに、幸恵さんと十分お話することが出来、(中略)そのお陰で『アイヌ神謡集』が成って幸恵さんの上京(中略)、ああ運命か滞留五閲月、宿痾の為に芳魂二十歳を一期として、とこしへに此の世を去られようとは、遺著『アイヌ神謡集』は今遠く欧羅巴の学界へあらはれてフランス語訳も出来上らうといふ。ふとした一夜の言葉のきっかけがどこまで遠く余響をはこんで行くか、人の因縁を考える程はてしのない不可思議である。(後略)

マツが留守のこのとき金田一が近文にきたのは大正一二年八月であるが、『アイヌ神謡集』の初版は、この月の「十日」発行、彼は、それをマツやモナシノウクに、まず見せたくて立ち寄ったものと思われる。関東大震災の二〇日前である。

金田一のこのときの近文訪問はあの「近文の一夜」からまる五年、いまは形見となった『アイヌ神謡集』を前に彼は、モナシノウク、マツと幸恵のことを語り合いたかったに違いない。

金田一が「近文の一夜」に続く旅のあと、釧路から登別あてに葉書を書いたのは、幸恵が帰省していたからである。近文で別れるとき、彼女から、「近く登別に帰る」ことを聞かされていたのだろう。

だが、金田一はなぜか登別に立ち寄っていない。旅の終りに札幌で「ジョン・バチラー老師を訪問」（「中条百合子さんの片影」）している。

彼は旅行前、バチラーから道内各地のアイヌも紹介してもらっていたので、お礼かたがた成果の報告をしたものと思われる。このとき彼は、「はじめて、老師の養女バチラー・八重子さん」と、また、たまたま寄寓していた中条百合子（宮本百合子）にも会う。この年、八重子三四歳、百合子一九歳、バチラー六五歳だった。

幸恵が女子職業学校を卒業したのは大正九年三月であるが、二年前、「近文の一夜」で別れるとき、卒業したら、幸恵を東京で勉強させたい、と思った「宿題」を忘れてなかった金田一は、その頃、何回か上京を誘っている。ところが、幸恵は体調の上からも直ぐ応えることはできない。そういう悩みを、９節のように、学校で信頼していた担任の玉橋先生、本間先生に相談していたようだ。相談は、伊藤正明先生にもしたかったろうが、伊藤は樺太に転勤していて相談できなかった。卒業の報告もあわせて彼女は四月中頃、帰省する。「近文の一夜」の大正七年から二年ぶりだった。

この帰省の頃、登別の実家には心配ごとがあった。

帰省の月日は、本間重の手紙の内容を両親に知らせた手紙（９節）に、「なつかしい登別を発ったのが先月（四月）二十八日、はや一月近くの日子がたった」とあることから、これより前であったことが分る。手紙には、「（先月二十八日）我家をあとに立出でた時、ほんとうに何とも云へない感じに打たれました。常とは違う種々な事情のこぐらかったあの我家、それを思うと、胸がつまってしまうたやうに思ふのですもの……」（Ｙ５・口絵写真Ⓕ）と、登別の実家に心配ごとのあることを語っている。

こんな事件があった。金田一の「知里夫妻」にある高吉の〝裁判沙汰〟である。札幌地方検察庁の古い書類にこう記録されていた。

大正八年九月二七、八日の頃、高吉は弟・浅之助に、登別の「札内共同牧場に放牧してあるＫ牧場所有の牡馬二頭、価格三五〇円相当のものを窃取すべしと命じた」と、いうのである。これを調べた室蘭区裁判所は、「知里高吉三十七歳・平民農業に対して窃盗教唆六ヶ月、知里浅之助二十八歳・平民農業に対して窃盗八ヶ月、いずれも懲役」をいい渡した。これの控訴判決は、札幌地裁において、大正九年四月一四日、高吉は室蘭判決と同じ、浅之助は六カ月に減刑の上、三年の執行猶予となった。高吉だけは大審院まで控訴したが、大正九年七月三日、「本件上告は之を棄却す」と刑が確定した。

幸恵の手紙の、「常とは違う種々な事情のこぐらかった」はこれだったかもしれない。帰省はちょうど札幌地裁判決の頃だった。手紙の冒頭で彼女は、「御父様のおからだの工合は如何でいらっしゃいますか？　今日のお便りで承りますれば、御母様は頭痛で御苦の由、どうぞどうぞ御大切に遊して下さいませ」と、両親を気遣っている。

このような傷心を胸にひそめて帰る途中、苫小牧から、日高の貝沢久之助をじさんを伴なったバチラーが乗り込んできた。その様子も手紙に細かく書かれている。

まだ千歳線がない頃なので、幸恵は岩見沢で函館本線に乗り換え旭川に向かうことになるのだが、「話をしても声が出ない」ほどノドを傷めている幸恵をみたバチラーは、「診てやろう、汽車のなかでは都合が悪いから今夜は私の家へ」と札幌に誘う。教会に一泊、バチラーの、有名な心霊術治療を受けることになる。

「丁寧に診て戴き、お祈りもして戴いて、懇ろなおもてなしを受け、其の夜は丸山コリミセというコックのおばあさんのお部屋」に泊めてもらった。

弟の真志保によると、このときバチラーは幸恵に不埒ないたずらをした、という。彼は、おばマツから聞いた話としてノートに鉛筆書きメモを残している。

「亡姉（注・幸恵）十八ノトキ」登別から旭川への帰途、姉は札幌でバチラーに、「ノドヲ痛メテ声ガデナカッタノデミテモラッタ」。

（前略）Ｂ氏ハ、姉ヲ別室へ連レ込ミ、帯ヲ解カセ仰臥サセ、例ノ如ク上カラ Temba Temba（撫でる、撫でる）シテ漸次下ニ及ブ気勢ヲ示シタ。暫クシテ Pomo mokor! mokor!（ゆっくり眠れ 眠れ）ト云ッタ。スルト何トナク気持ガモーロウトシテ来タ。シカシマダ完全ニ眠ルニ至ラズ、幾分眠ッタ振リシテイルト、Ｂ氏ハ完全ニ眠ッタモノト推シテカ、遂ヒニ大事ナ穴へ指ヲサシ込ンダ。ソシテソレヲカキマワスノダ。ソノ時モーロートシタ意識ノ中デ「オカシナコトヲスルモノヨ、或ハ自分ガ処女デアルカナイカ調ベルノデアラウカ」（中略）B氏ハ指ヲ抜イテ暫シタメラッタ後、室ヲ出テイッタ。ソレカラ卅分位シテ姉ハ起キテ帯ヲシテ出テ行ッテ有難ウヲ云フトNishpa（注・長老に対する敬呼称、ここではバチラーのこと）ハ、"Pirika! pirika!"（注・美しい、かわいい）ト云ヒナガラ、ヤタラニ接吻ヲシタ。ソシテイロイロモノヲクレタ。

筆跡は間違いなく知里真志保のもので、彼の創作とは思えないが、真実を語れる人はもういない。幸恵の内心に、バチラーより救世軍への傾斜があるのは、そっくりそのままでないにしてもこれに近いことがあったからかも。

バチラーの教会に泊まった夜、彼女は面白い夢をみた。夢の内容も両親に知らせている。コックの「おばあさんは心地よげにすやすや眠って」るが、彼女は眠れない。「自分の心臓の鼓動を数えたり」、「時計のチクタクが耳について眼はいよいよさえるばかり」、それでもいつかうとうとしたのか――。

（前略）後の方で、幸恵さん幸恵さんときれいな声が聞こえますので、そちらを向き直って見たところ、七つか八つの男の子が、あらい絣の着物を着て、かわゆい顔に笑くぼをつくってニッコリしてゐるので、私はびっくり、誰方？　彼は答えました。あのね、あたしはワルデンガーラ（注・知里家で飼っていた競走馬の名）の子ですよ、と。おやさうですか、と申しましたが、ハーテな、ワルデンならば、今朝、私が来る時にうまやによってさようならした馬なのに、それに種馬の資格もないと云う話なのに、どうしてこんなきれいな子を持ってゐるのか、と、首をひねって考えました。これは、をかしい、と今一度その子をみなほすと、コは如何に。彼の子童は身体はもとのわらべながら頭はいかにもワルデンの如く、しかも大きな眼光は爛々と輝いて私の全身を射るが如く、額の星は大きな穴のやうにくぼんで、真赤な口をあいて今にも私を飲まんずありさま、ヒヤア、これは大変、(中略)後の柱にドンとつきあたった其の音でハッと気がついたら、あたりはまっくら――(後略)(Y５)

優秀な種馬からいい子馬を生産したい、という牧場経営の様子を垣間見ることができるが、どうしてこんな夢を見たのだろう。バチラーがとなえたponno mokoro! mokoro!の心霊術治療の残像からか。

夢というものは、目が覚めてから記録するのはむつかしいものだが、彼女はほかにも何回か日記に長い夢を書いている。

バチラーの心霊術治療の効果はなかったようだ。幸恵は旭川にもどってから、いきつけの「谷口博士にみてもらって」いる。診断は、「慢性の気管支加答児で、肋膜炎はない。心臓病は先天的なものだから、根本的になほす事はできない、大変質の悪い方だが、無理さへしなければ大丈夫、とくわしく話を」聞いている。また先日は、「大分熱がでましたけれど今は何ともありません。少しばかり衰弱したので、お医者様が滋養をとって、入浴をひかえるやうにと仰ったので」、「卵を二十程もふちと二人で食べました。食パンやジャムをたくさん買ふて戴いて養生に気をつけてゐます。御母様が思ふていらしゃるように私は気弱でありませんから、決して御心配なく」と、自分のその後の様子を知らせ、親を心配させまいと筆遣いしている。

「卵をふちと二人で食べ」と、いうのは、この頃、モナシノウク・フチも「非常に重態」だったからで、フチは、「神様のみ恵みで、昨日今日は大変機嫌よく猫の子を相手に大はしやぎしてるから御安心を」とも書いている。滋養物に「食パンやジャム」などがあげられているのが興味深い。当時、いっぱんの口に遠かったこの二つを数えているあたりに、荒井源次郎氏のいう、マツの「いまでいえば文化センターの役割」が感じられる。

11節で彼女の小さい手帳に触れるが、そのなかにいろいろ書き留めた料理メモがあるのは、この手紙の「滋養に気をつけて」いる健康管理からだろうか。

弟の知里真志保はこの一年あと大正一〇年、マツのところに預けられ、二学期から旭川の北門(上川第三改め)尋常高等小学校高等科一年に転校することになる。理由は蓄膿の治療のためとなっている。もう一人の弟・高央は、高等科を卒業、室蘭商業に入る前、同じ時期、岩見沢にしばらくいっている。裁判沙汰が直接でないにしても遠因になっているか。

幸恵は「常とは違う――」知里家のこの暗さを密封したかったのか、この手紙の封筒には「親展」の赤い二字がある。

手紙には、久しぶりの故郷の空気を吸いながら、金田一から上京を誘われたり、村井曽太郎とのことなど、悩みごと、相談ごとがあったはずなのに、どんなことを両親たちと話したか、触れられていない。

バチラーの心霊術治療について付け足し。

私の取材メモには松井マテアルさんのこんな経験が書かれてある。

大正八年（一九一九）六月、小学校四年生のある日。バチラーが教会にきていた。ちょうど、彼女は竹馬で遊んでいたが、転んで肩を強く打った。血が出て痛かった。そのときバチラーが彼女の肩に手を当てて、何か言った。

「すると、足の先までホテッテきて、痛みが薄れた――」

バチラーの治療の効果があった話は平取でも聞いたことがある。

11　十七歳のウエペケレ

幸恵が、二年ぶりの登別帰省からの帰途、効果のなかったバチラーの心霊術治療を受けて旭川に戻り、両親に長い手紙を書いたのは五月一七日だった。それからひと月後、彼女のところに、大正「9・6・17」の消印ある金田一の葉書が届く。

御病気はその後如何ですか。どうぞ一日も早くおさっぱりなさるよう祈っております。このノートブックをあなたの「アイヌ語雑記帳」の料として何でもかまはず気のむくままに御書きつけなさい。それハ私のためでなく、後世の学者へのあなたの置きみやげとしてです。あなたの生活ハそれによって不朽性を持ってくるのです。永遠にその筆のあとが、二なき資料となって学界の珍宝となるのです。えらい事を書こうとする心は不必要で、ただ何でもよいのです。それが却って大事な材料となるのです。（K６）

傍点部分は、金田一批判をする人たちには格好な、不用意な文言であるが、『アイヌ神謡集』に繋がる「ノートブック」が幸恵に送られた時期を知るのに大事な葉書だ。

彼女の六月二四日付けの礼状がある。

先生度々綺麗な御はがきを下さいましてほんとうに有難くふかく御礼を申上げます。御はがきは先週の土曜日に戴きましたけれど小包は今日着きましたので、（中略）私はローマ字を学校で教はりませんでしたので、読むには読みますが書く事が出来ませんのです。それで此の間から練習をして居りますがなかなか書けません。今暫くして少し書けるようになりましたらすぐにアイヌ語を書くことにいたします。私は後世の学者へのおきみやげという大きな事は思うことも出来ませんけれど、山程もある昔からのいろいろな伝説、さういふものが、生存競争のはげしさにたえかねてほろびゆく私等アイヌ種族と共になくなってしまふことは私たちにとってほんとうに悲しい事なので御座います。私の書きます中のウエペケレの一つでもが先生の御研究の少しの足しにでもなる事が出来ますならば、それより嬉しい事は御座いません。そのつもりで私の知ってゐる事は何でもオイナでもユカラでも何でも書かふと思うて、それをたのしみに毎日ローマ字を練習しています。あのノートブック一ぱいに書きおへるまで幾月かかるかわかりませんけれどきっと書きます。（中略）フチも頗る元気で毎晩ユーカラをきかせてくれます。（中略）今年は先生はいらっしゃらないので御座いますか。何とぞ御体を大切になさいますやうフチも母も祈って居ます。（Y6）

この葉書は、小さい字でびっしり書かれていて、まだ三八歳の若い金田一の眼でも読むのが大変だったのでは――。

傍点のように「ローマ字」が、読めたのは、マツやナミが手紙などで使うのをみていたからで、彼女には馴染みのある文字であった。そして書く「練習」＝独習は、この葉書よりずっと前、同級生の記憶（7節）にあるように三年生の後半からしていたことは前にも書いた。

この葉書で彼女は、ふたつ、大事なことを語っている。

ひとつは、10節に紹介した、マツが話した、「幸恵ったら大人が及ばないユカラをやるんです」を「私の知ってる事」と、自ら語っていること、そして、「フチが毎晩ユーカラをきかせてくれます」と、「お婆さんっ子」の進行中を語っていることだ。

いまひとつは、ローマ字を習うのは、金田一が希望した「後世の学者へ」、アイヌ文学を書き残そうとするためではない、「私等アイヌ種族と共になくなってしまふ」ことが「ほんとうに悲しい事」だから、それを記録するためということ。このあたり、本間先生の手紙の、「あなたのなすべき事」、「あたへられた自分の才能を発揮する」などが繋がるのでは――。そして、後の『アイヌ神謡集』の「序」（資料6）の原形がここに見えている気もする。

彼女は、その後、九月八日、金田一への近況報告で、「ローマ字は少しなれました」と書く。

（前略）実は私卒業後祖母が病気にかかったので御座居ます。フチはもうとしより（注・この年、フチは七二歳）で御座いますから一時はどうなる事かと心配いたしました。死んだり生きたりしてやっと今ではよくなりました。ところが今度は母が例のリョウマチスで体の自由を失ひ、ドッと床に就いてしまひました。私も卒業以来引続き医薬を服用いたして居ります。私も祖母の看病疲れや何かでよくなったり悪くなったりいたしましたが、秋風が吹くやうなりましてから祖母も元気ですし、私も気分がよくなってまいりました。遠からず母も床を払う事が出来るだらうと思ってゐます。ロ、ーマ字は少しなれまい、した。先生の御手紙によりまして、自分の責任の重大な事を自覚いたしました。今度冬仕度がすみましたならば専心自分の使命を果たすべく努力しやうと思って居ります。先ずは取急ぎ御ぶさたの御詫をかねて近況を御報知申上げます。フチからも母からもポロンノ先生によろしくと申しました。（Y7）

彼女はこの葉書で、モナシノウクやマツがずーっと体調のよくなかったことをはじめて金田一に知らせている。

彼女自身、卒業前から不調であったはずだが、二人の看病の日々で、心身休まる暇がなかったようだ。

この年、幸恵は、いまひとつ、彼女の心うちを語る「かきつけ」を残していた。母校・豊栄小学校創立一〇周年式典に読んだ祝辞の草案である。彼女は、同窓生代表として式典に出席、「祝辞」を読んでいる。

この行事は『豊栄小学校沿革史』に、「大正九年九月十三日　創立拾周年記念式典ヲ挙行シ、引続キ児童学芸会開催ス。祝賀宴会ヲ開キ祝意ヲ表ス」と記録されている。「明治四十三年九月十三日　本校開校式挙行」から計算した行事であった。

幸恵は、この記念式のときの佐々木校長着任前に卒業しているから、この先生に習ってはいない。しかし、校長住宅は学校に続いており、教会の金成家とはすぐ近くで、10節で佐々木の姪・小林してのさんに聞いたように非常に親しかった。佐々木は幸恵に同窓生代表の役割を頼みやすかった、と思う。

祝辞草案は彼女が愛用した手帳に記されていた。全文は巻末に掲載する（資料10）。便宜上勝手に6段にわけてみた。

（1）段、この導入部分、複雑な思いで一語一語を選んだのではないか。

（2）段の「顧みれば十年の昔」は、「月日の小車めぐりめぐりて」という導入を受けてリズムがいい。幸恵は、この学校の開校の年の春、このコタンに来たのだ。一〇年の変貌は、まさにここに描写されたようであったろう。臨場感がある。

「歴代校長先生、諸先生には我等を慈しみ給う事、子の如く」と書くとき彼女は、「何」を思っただろうか。昼食を食べて学校に戻ったとき、少し遅れた、といって鼓膜が破れるほど殴られ、尻もちをつきオシッコをもらした少女がいたこと、「善良なる範」の先生が、遊び時間、黒板に男女の性器を書いて、子供たちに、「これなんだ?」と聞き、声をだして答えさせたり等々……頭に去来するものがたくさんあったはずだ。

ここで小さい手帳の二ページが終り、三ページ目の次の行から(3)段に移り、ちょっと調子が変わってくる。

彼女は祝辞の草案をもう一つ書き始めたのかもしれない。

ちなみに、「同窓の友」は大正八年までで男一五、女一六、計三一名だった。

(4)段で、幸恵がとらえた「世は社会問題、新思想」とはどんなことだったか。

年表的に拾ってみる。

大正三年一月、吉野作造、『中央公論』で民本主義を提唱、大正デモクラシー論争がはなやかになる。六年、第一次大戦にアメリカ参戦とロシア革命。国内では芳川伯爵夫人、お抱え運転手と情死事件。河上肇『貧乏物語』出版。大正七年八月米騒動、シベリア出兵、開道五〇年行事。「近文の一夜」。九月、原内閣誕生。一一月、世界大戦終わる。大正八年、日本の労働運動高まる。六月、ベルサイユ条約調印。この年の流行歌、「パイのパイのパイ」、「デモクラシー節」、「ディアボロの歌」。大正九年二月、普選運動最高潮。三月、尼港事件。四月、戦後恐慌起こる。五月、日本初のメーデー。七月、憲政会永井柳太郎、政友会内閣を攻撃。この年の流行語、「西にレーニン、東に原敬あり」、流行歌「シャボン玉」。この年一〇月全国人口七六九九万、北海道は二三六万、うちアイヌ人口一六、七二〇人。

草案が書かれている小さい手帳に、仮に表紙をめくってからページナンバーをふると、3Pに横書きで「祝辞」とあるが、このページはそれだけで空白。5Pに縦書きで、「月日の小車めぐるめぐりて」と一行だけ書きかけて空白、草案全文は、7Pから12Pの八行目まで。誤字脱字なし（1段の「校」の前に「学」があるのか、脱字とみないほうが幸恵らしいか）、線を引いて消してる字は六文字、それは推敲によるものでなく筆を運びながらの思い直した跡だ。推敲による挿入は9P、（4）段の「我等アイヌ種族は」だけ。

これより前に、何回か推敲した草稿があって、それをここに転写、佐々木校長には、さらに筆写したものを見せた、と思われる。そこでどう添削されたかはわからない。

この「十周年祝賀式」の模様は、地元『旭川新聞』（大9・9・14）が次のように報じている。

（前略）来賓として市来区長、村本助役等区有志者及び各小学校長列席し、同校卒業生並に父兄等五十余名も参席し、定刻午前十時を報ずるや佐々木校長開会の旨を告げ一同修礼の後「君が代」の合唱あり、校長勅語捧読の後、（中略）赤松学務主任は愛奴種族に対する教育の普及は刻下の急務なのを説き（中略）、同校卒業生総代の祝辞は満場の襟を正さしたり、在校生総代松井マテアル子、裾模様の振袖姿にて祝辞を朗読して君恩の辱なきを讃え止まざりし。（後略）

祝賀式のおよその流れ、雰囲気はこれでわかる。在校生総代は幸恵がかわいがっていた後輩の松井マテアルであったが、卒業生総代の名前は出ていない。同日の「部落より」というコラムにこんな数行がある。

(前略)同校卒業生にして札幌職業女学校を優等にて卒業せる智田幸枝子の祝辞は分章《ママ》と云い能《ママ》底と云い実に完備せるもので普通女学校卒業生の遠く及ばぬ処であったには市来区長初め来賓一同感服した。(後略)

傍点部分は明かな間違いだ。当日、幸恵が読んだ「祝辞」が、手帳の「草案」とそっくりであったかはわからない。コラムにはこの後の学芸会で、「臨席区長は未だ嘗てアイヌ語の国歌を聞ゐたことがなかったが初めて聞き得たのが喜ばしかったと漏らした」とある。どんな「アイヌ語の国歌」なのか誰も知ってる人はいなかった。

中井三好著『知里幸恵　十九歳の遺言』(彩流社　一九九一)には、「祝辞」後半(4)段の「大聖心、御稜威」に「だいせいしん、おんりょうい」とふりがなしている。幸恵の名誉のために言えば彼女は、「おおみこころ、みいつ」と声にしたはずである。

なお付けたせば、中井は幸恵のほかの詩篇の鮮明でないところを、「傍点部分は筆者補綴」して引用している。(注5)

大正九年一二月一〇日の『新愛知新聞』6面トップに興味深い写真が掲載されている。「アイヌ学校を観て　北海道巡講の途上　哲堂生」と、署名ある六段記事に二段相当大で添付された写真である。哲堂は愛知県現津島市弘意浄寺の住職。二カ月の予定で「北海道寺院布教の途中十一月末」、この学校に立ち寄り、「亡族の彼らにお伽講話」をしたとある。僧侶が「亡族」という単語を平気で使っている。いかに時代とはいえおそれいる。

（前略）早速一教室へ全生徒と卒業生の有志とを集めて二回お話しを聞かした。色々生徒に質問して見ると少しも普通小学校生徒と差異を認めない。眼のくぼんだクルクルした黒眼の彼等は頗る無邪気に、そして非常に行儀よくお話しを聴いて呉れた。

（中略）二人の教師の其の柔和な言語態度に甚だ好感を得た。気のひがんでる彼等を導いて往くには最も当を得た人格者と思うと共に、此の可憐なる少年少女の為、虚栄を棄てて専心徳化教育に従ってゐる此の教育家の生涯を羨ましく且つ尊く思った。（後略）

「重ナル来校者」名簿にこの人の名前はなかった。

考えてみれば、創立一〇周年の式典の参列者たちもこの僧侶と同程度だったろう。幸恵は、そういう程度の人たちの前で祝辞を読んだわけである。

哲堂僧の「お伽話」を幸恵も「卒業生の有志」の一人として聞いたようだ。写真には和服姿の彼女が写っている。哲堂僧は、二年半後、世にでた『アイヌ神謡集』という書名を耳にしたかどうか。耳にしても、その著者が、記念写真で、自分の斜め後に立つ、彼がいう「亡族」のなかの一人の少女であることには及びもつかなかったろう。

ところで、この手帳には、いろいろな相の知里幸恵がいる。

手帳は、淡紅色の木綿糸綴じ、綴糸は表紙の表で飾り綴じが女性用を思わせる。表紙の裾には桔梗の花と葉の連続模様が帯状に描かれている。その帯に半分かかってシルバー色の半円、月を思わせる。半円にはＮＯＴＥ　ＢＯＯＫとある。各ページ18行の60ページ、薄い淡紅色の点線の罫線。

この手帳が、９節の金田一の手紙（Ｋ５）の「手帳を送る」に当るかどうかは不明。

ノートとか手帳は、表紙の方から使い始めるのがふつうだが、彼女は、横罫のこの手帳を、裏表紙側から縦書きに使いはじめたのではないかと思う。きれいな縦書き字列が並んでいる。仮にページを打ちながらみていく。

１Ｐ、１行目から――。

献立。

汁　鯛の潮

刺身　鯛の昆布じめ

和物　菠薐ノ辛子和へ

座敷おでん

茶飯

胡瓜の塩漬
浅漬大根
おでん
材料
一、里芋（水洗、蒸して皮をとる）
二、こんにゃく（三口四口）ざっとゆでる
三、はんぺん（一つを斜めに渡して三角）
四、焼かまぼこ（小口から互違いに長三角）
五、ちくわ
六、すぢ
七、がんもどき
八、焼豆腐（よく湯煮）
（ここで2Pに移り、各項目ごとに短い要点メモがある。）
九、さつま揚

一、かつぶしと昆布だしと、二番だしとをとる
二、……
三、……

以下、「昆布じめ」、「茶飯」のつくり方が丁寧に5Pまで。学校で習ったものであれば、授業のノートがあったはず、なにかの雑誌からの抜き書きだろうか。

5Pの余白に、料理メモから一転、生活のニオイがする買物？　メモ。

下駄　2　ハガキ　20
手拭　2　一・五銭切手　20
桃□□ネル　10　三銭切手　20
半紙　2
木炭　3俵
白絞　1

6〜14Pまでは「兎の料理」「一、焼肉」「二、バターいため」「兎の吸物」「兎の野菜汁」「兎と葱の甘煮」「兎のカツレツ」「兎の白ソオス」「兎のシチュー」「兎のソボロ煮」「兎の葛煮」が続き、それぞれに短いメモがある。

15Pに横書きローマ字でウエペケレ。ウエペケレについては1節の知里真志保のアイヌ文学の分類と解説をみていただきたい。

［手帳ウエペケレ］

01 Ishkar putuun nishpa ane　石狩　河口の　首領で　ある
02 wa Ishkara etoko hota irenga　から　石狩の　先の　砂浜え　役目の
03 ankusu shine an pata　ために　或る　年
04 Ishkar petturashi arpa an　石狩の　川沿いに　さかのぼって行く
05 akusu shine　anita chise an　と　或る日のこと　家が　あった
06 wakusu tane　shironuman　ので　もう　日が暮れ
07 hemem ki kusu nehita reushi　も　来る　から　そこに　泊まろう
08 an ari yainu an wa chise　と　そう　思った　から　家の
09 shoita omanan wa shihun　傍え　行って　から　訪れの
10 nuyaran awa　chise oshke　音（咳ばらい）をしたところが　家の　中
11 un nepka humush　の方で　何か　音がする
12 shihum nuya　ahun　咳払い　して　入った
13 an awa iet　shine ainu　ところ　一人の　男
14 newa menoko　wumurekkur　と　女の　夫婦が
15 okai wa menoko nike　いる　から　女　が
16 tanepo　tanepo　初めて　　いまこのとき

（行頭の数字は行ナンバー、訳は大塚一美）

短いものだが、彼女の〝アイヌ神謡集〟までの道筋を考える上で重要だ。これは、後に、行数が増えて金田一に送られた彼女のノートにあらわれる。

16Ｐからは再び料理メモが29Ｐまで。

鯊の昆布巻

はぜの腸を抜いて白焼にしておき板昆布を曲尺で長さ四寸巾三寸位ずつに切り、硬ければ暫く水に（後略）

鮭の頭

鮭の鼻の軟骨ばかりを薄く刻み（後略、氷頭生酢のつくり方）

鮒の甘露煮（以下メモ略）、鮨の揚物、鰯の味噌汁、鯵のす漬

そして22～23Ｐにかけて、これも買物メモ？か。

米一斗五升、麦五升、梅干一樽、饂飩十束、カルシュム錠三週間分、ノート七冊、商業英語、筆入一個

「商業英語」は、この年、室蘭商業学校二年生の弟・高央への土産か。

この後に、

キャベツと林檎のサラダ（フレンチソース）

キャベツの一番上側二、三枚の葉は硬くて生では食べにくいから煮物用とする。先ず大葉のまま虫の卵を殺す為に塩水に三十分浸しておく。それを細かく刻む。別に林檎を（中略）ソオスは塩小さじ一杯玉葱少々の割に、先ず深い丼に（後略）

続いて「キャベツのバタいため」、「キャベツの胡麻酢」、「キャベツの甘酢」、「魚のキャベツ巻」などの後、30～33Pはそれまでと比べてペンの流れ、行配りに乱れがあり、買物メモに費やされている。32、33Pの終りの数行は判読できない。心に不規則な揺曳があったように見うけられる。なぜか。

買物メモは、30Pに一度書いたものを、整った字で31Pで書き直している。「裏一反190」「縞縮二丈」「九半白足袋一50」「貯金200」などなど。32Pには「筍飯」の炊き方メモ。33Pに買いものメモ。「一、学生帽一」「二、猿股一、下駄一（如何？）」……「十二、一銭五厘切手十枚」「十三、封筒二」「十四、巻紙二」「十五、饂飩」など。

5P、22、23Pの買物メモと併せて、金成マツ家の生活の一面がうかがえる。33Pに「学生帽」「猿股」など、幸恵やマツに無縁なものが並んでいるが、「下駄（如何？）」と（？）のついてるところをみると、登別の弟たちに頼まれたものか。彼女はこの年四月、帰省している。

それにしても、「菠薐」（ほうれんそう）「鯊」（はぜ）「鮪」（どぜう）「饂飩」（うどん）など、辞引を引くのもオックウな難しい字を使っているのは、さすが大正教育？　ではある。

手帳は料理メモ、買物メモページに続いて、読んだ本の印象に残ったフレーズを書き留めている。蘇軾の「春夜」、夏目漱石、西条八十、長谷川時雨、土井晩翠、ワトソン夫人などなど、それに42Ｐにアルファベッドの飾り大文字。

これらに挟まってこんなメモ。「霊薬カルクス錠　定価貳圓、送料拾貳銭　振替口座東京六四五〇　実業之日本社代理部」。当時としては高価だ。11節にあるように、その頃、幸恵は「卒業以来医薬を服用」、七二歳のモナシノウクは「死んだり生きたり」の大病、四五歳のマツは「リョウマチスで体の自由を失ってる」状況。このメモの薬、漢方薬なのか、民間薬なのか。

私は、この薬にどんな薬効があるのか興味をもち、いまの実業之日本社でも調べてもらったが分からなかった。

こうして、表紙側からだと12Ｐに横書きの「祝辞」の最後が見えてくる。

少々、くどく手帳を追いすぎたが、このなかには私の知らなかった幸恵という人がいるので、もう少し――。

表紙をみる――表紙には、前に述べたような帯模様のデザインがあるが、帯の模様部分をはずして、彼女は、濃淡、ペンの太さの違う文字をいろいろな方向から書いている。ローマ字もある。

最初に彼女は、裏表紙側に帯模様に平行して「Chiri Yukiye」と書いている。名前の表記「ye」は、後に金田一に送ったノートでもそうなっている。アイヌ語発音をローマ字表記するときの彼女のルールがこのときすでにできていたのだ。これに直角に太めで変色しかかった五行。「旭川区」「五線南二号」「豊栄小学校隣」「金成幸恵」「知里幸恵」。「知里幸恵」は二行あって一行は二本線で消している。二行目の「号」と三行目の「隣」は、濃淡からみて「Chi」に上書きされたもの。

また、「恥ぢす」「ためらはずに」「ゐられません」という三行がある。

なにか、をみつめているときの彼女のためらいであったか——。

「ゝそ太郎」ともある。恋人・村井曾太郎だ。

おもて表紙側の月を思わせる半円のなかに、「さらば」「我師」、これは繋いで読むのか、どうか。「我師」はもう一つある。なに先生を頭に浮かべていたか。

判読を難しくしている重ね書きをよけながら読み取れた単語に「九年」があった。大正九年だろう。

また、「幸恵」ともあり、並んで「松子」「波子」——産みの母、育ての母を並べて何を思ったか。

表紙裏の上半分に、「佐々木とも子先生」「佐々木登も子先生」「佐々木登も先生」と三行ある。豊栄小学校長の佐々木夫人だ。

両親あての手紙の場合もそうだが、幸恵には、親しい人のひらがなの名前をこのように漢字混じりに書くことがあった。彼女の心の抑揚の現われかも。

表紙裏ページからノート本体の1Pにかけて、興味深い、手紙の下書き？　らしい文章がある。1P側。横罫を無視して縦書きしている。行配りそのままに記してみる。数字は私が便宜的に付けた。

1深く深く御礼申上げます
其後
如何で御座いますか、随分お暑い
時で御座いますから何卒御自愛
専一に遊ばされます様に遙かに
祈上げて居ります　私の出立の時は
また、御陰様にて私は無事に
途中無事父母及び長弟に
迎えられて、喜々として
（ここから下段）
2帰家いたし
ました故御安心の
程、何卒
御安心下さいませ。

またその中に
御便り申上げま
（ここから表紙の裏ページ分）
3昨日北方に□りまして
美しい自然に□のない
北□の人□と一しょに
居ります。

4昨日出立の際は
いろいろと御世話様に相成り
御餞別まで過分の
お餞別、餞別まで
いただきまして何とも御礼の
申し上げ様も御座いません。

見てわかるように、礼状？　を書く前のまったくの覚え、だと思う。「4」の4行目が二字分下がっているのは、「佐々木登も先生」と行が重なるのを避けたからである。こういうことがわかりそうだ。

思案してるうちに、彼女の手はひとりで動き、宛て先の人の名を書いたり、「1」「2」「3」「4」を書いたが、数字の順通りではない。「4」が最初だったかもしれない。

「4」は、彼女が登別に帰省するとき、佐々木夫人から餞別をもらったお礼の覚え、とみえる。彼女の登別帰省は、大正五年(一九一七)、七年八月、九年四月、一一年四月であるが、先ほどの「九年」というメモ、それとこの手帳の「祝辞」が九年の創立十周年開校記念日のものであることから、この「佐々木とも子先生」あてメモは、大正九年四月の帰省のときのものだ。

餞別をもらっていることから、佐々木夫人と幸恵の親しさ、両家のつきあい濃度を知ることができる。

前述したことであるが、佐々木夫人は病身だった。そのことがこの覚えの「1」でわかるのだが、「随分お暑い時で」は四月にはなじまない言葉に思える。が、札幌気象台に聞くと、この年の四月は「例年にない高温だった」という。

それで幸恵のこの手帳の使われ方は、こう考えられる。

まず折にふれての料理メモ。メモのはじめは、彼女が、体調悪く学校を休みがちになる頃から？で、前節終り近くで考えたように、自分もふくめて不調なマツ、モナシノウクの「滋養」を日々考えての「健康管理」上の必要もあってでは――そう考えると、この節の「霊薬カルクス錠」という高価な薬のメモもわかるような気がする。――その間つれづれにローマ字の独習、モナシノウクかマツから聞いたウエペケレを途中に挟み書く。

そんな手帳をもって四月、登別への帰省。そして旭川にもどっていつごろか、佐々木校長先生から母校の一〇周年の祝辞の依頼を受ける。

そういう大正九年の幸恵がこの手帳には詰まっているように思われる。

そして、買い物メモのなかの男物が、四月の帰省のときの弟たちへの土産であったとしたら、この手帳のウエペケレは、ページ順からいって、その前に書かれたものだ。

こう時間をたたんでいくと、この短いウエペケレは、彼女の〝アイヌ神謡集〟への里程標とみることができる。

知里幸恵、一七歳の春のことである。

12 「此の砂赤い赤い」

この「此の砂赤い赤い」は、大正一一年、郷土研究社発行の、幸恵の『アイヌ神謡集』の一一番目の神謡である。復刻された岩波文庫版では「この砂赤い赤い」となっている。

実は幸恵は、この本より前に同じタイトルの神謡を書いていた。旭川郷土博物館所蔵の『知里幸恵嬢遺稿』（遺稿では「此の砂は赤い赤い」）にみることができる。さらには、彼女はこの二つのあいだに金田一のところに送った「アイヌ語筆録ノート」にも書いているから、三回書いていることになる。

この三回に流れている時間に、私は、『アイヌ神謡集』までの幸恵がいるように思える。三つのストーリーは変わらないが、使っている言葉が変わっているし、古語が使用されなくなったりしていて、同一人であっても、同一の口承文芸の表現がどう変化するかを考えるのに貴重である。

幸恵ノートの研究者・北道邦彦はこの三つについて懇切な比較をしている。（注3）

この神謡は私が好きな一つである。短くて朗読しやすい。私は、「銀の滴降る降るまわりに」より好きかもしれない。

Pon Okikirmui yaieyukar "Tanota hure hure"

Tanota hurehure
Shineantota petturashi shinotash kushu
payeash awa, pon nitnekamui chikoekari.
Neita kusu pon nitnekamui shirka wena
nanka wena, kunne kosonte utomechiu
neshko ponku neshko ponai ukoani,
unnukar awa, sanchaotta mina kane
ene itaki: ——
"Pon Okikirmui shinotash ro!
Keke hetak chepshuttuye chiki kushne na."
itak kane neshko ponku neshko ponai
uweunu petetok un aieak awa,
petetoko wa neshko wakka nupki wakka
chisanasanke, kamuicheputar hemeshpa ko
neshko wakka kowen wa chish turano
orhetopo mom wa paye, pon nitnekamui
newaanpe sanchaotta mina kane an.
Shirki chiki newaanpe chirushka kushu,
chikor shirokani ponku shirokani ponai
chiuweunu, petetok un akash awa,
petetok wa shirokani wakka pirka wakka
chisanasanke, chishturano mom wa paye
kamuicheputar pirka wakka eyaitemka,

小オキキリムイが自ら歌つた謡「此の砂赤い赤い」

或日に流れをさかのぼつて遊びに
出かけたら，悪魔の子に出会つた。
何時でも悪魔の子は様子が美しい
顔が美しい。黒い衣を着けて
胡桃の小弓に胡桃の小矢を持つてゐて
私を見ると，ニコニコして
いふことには
「小オキキリムイ，遊ばう。
さあこれから，魚の根を絶やして見せよう。」
と言つて，胡桃の小弓に胡桃の小矢を
番へ水源の方へ矢を射放すと，
水源から胡桃の水，濁つた水が
流れ出し，鮭どもが上つて来ると
胡桃の水が厭なので泣きながら
引き返して流れて行く。悪魔の子は
それをニコニコしてゐる。
私はそれを見て腹が立つたので
私の持つてゐた，銀の小弓に銀の小矢を
番へ水源へ矢を射はなすと
水源から銀の水，清い水が
流れ出し，泣きながら流れて行つた
鮭どもは清い水に元気を恢復し

次の葉書をみていただきたい。

御手紙は昨日、筆記は今日、拝受しました。あまり立派な出来で私は涙がこぼれる程喜んで居ります。

もっともっと帳面をぜいたくに使って下さい。余りこまかに根をつめて書いてゐてハ、からだへ障るといけせん。

片面へアイヌ語の原文、片面へ訳語、という位にして、それも、真中へだけ書いて、端は、註でも書く所にして置いたらいいでせう。まだまだ拝んでゐる所で、これから読む所です。読んだ

ら、又感服しさうです。そしたら又申し上げます。（K11）

これは金田一京助が、知里幸恵から送られてきたノートをみての返事である。本郷局、大正「10・4・24」の消印がある。

金田一が幸恵に初めてノートを送ったのは一年近い前の大正九年六月だった。ノートには、祖母・モナシノウクやおば・マツが語ったアイヌ口承文学が記録されていたのだ。

彼は、ノートの使い方をアドヴァイスしながら、「あまり立派な出来」とびっくりしている。だが、私は、金田一は、このノートに感服する前に、彼女の並でない力を知っていたはずだと思っている。そう思うわけを書いてみる。

いまのより半年前、大正「9・10・11」の消印ある金田一の次のような葉書がある。

私はむしろユカラの方が筆記しよいのです。ウエペケレの方が筆記しにくいです。それはことばのつずき具合が、ユカラの方が一口ずつの長さが大てい揃って出てくるのにウエペケレの方が長短とりどりになるからです。（中略）東京もメッキリ涼しくなりました。（K7）

文中の「ユカラ」、「ウヱペケレ」の違いは、1節のアイヌ文学の分類を見ていただきたい。起筆の言葉のないこの葉書には、ひょっとすると、組になるもう一枚か二枚があったかもしれない。金田一は、幸恵あてにナンバーを付けた葉書を同日に何枚か書いてることがあるからだ。例えば、9節に引用の葉書（K5）にも「其の二」とあったし、「10・5・29」消印の葉書（K13）には「其四」とあることを考えると、いまここに掲げたのにも、起筆のあるもう一枚があった可能性がある。が、残念ながら同日付けのが見当たらない。

しかしこの一枚は、よく眺めていると、金田一は、彼女の手になるウエペケレを見ながらこれを書いたのではないのか、という気がしてくる。

起筆のある一枚があればはっきりするのだが、そこで私の頭に浮かんでくるのが前節に挿入した手帳の「ウエペケレ」。私はあれは、前節末のように、大正九年四月の頃に書かれた、と考えている。が、金田一はそれをみてK7を書いたのだ。幸恵はあれを金田一に送っていたのだ――。

この私の考えを先に進めるのに、11節で引用した九月八日の、「ローマ字は少しなれました」とあった、幸恵の葉書（Y7）までもどってみる。


あの葉書の起筆には、「先生先達は激しい暑さにもかかはらず御手紙下さいましてほんとうに有難く深く御礼申上げます」とあって、ノートが送られてきた六月一七日からY7の九月八日まで三カ月間に、何通か金田一からの便りのあったことを語っている。

Y7の後、一三日には母校の創立一〇周年式があった。彼女はそこで大役の「祝辞」を読み、ほっとしたところで、「ローマ字は少しなれた」程度をみてもらうのに、「こんなのを試作してみた」と、11節に挿入したウエペケレを送ったのではないか。

それをみて日頃、ユカラの筆記に多忙だった彼は、「私(金田一)はユカラが筆記しよい、ウエペケレの方が筆記しにくい」と、感想を書いて返事とした――そう考えるとK7は抵抗なく読める。

彼はK7からひと月後、幸恵の力をあてにした注目すべき葉書を書く。

金田一の幸恵宛て、現在残っている二二通の葉書の宛先名の書き方には、「金成マツ様方、知里幸恵様」と「金成マツ様、知里幸恵様」の二つの形がある。

後者の、連名宛名になっているのは、一枚の年賀状のほか、いま話題にしようとする、ユカラの文言を急いで質問、というより教えてほしい、と頼んできた二枚である。

この質問と回答のやりとりが、彼女の大事な〝はずみ〟になったのでは――。

初めの方は大正九年一一月一五日付け。

> 其後おかはりありませんか、北海道はもう大分お寒いことでしょうね、お大事になさい。さて突然ながらお伺ひ致したきことあり、何卒御示教の程願いあげます。それは左の文句の中程線をひきたる所、
>
> Richikuni shuptomorope a aikotesn （中略） retara airap koomukukke kunne airap koetushusk
>
> このコオムッケとコエトシュシケがわかりかねて困ってゐます。ざっとでよろしいですから至急御一報願い上げます。廿一日の朝、私は京都へ立つのですが、出来るならバ、それまでに知りたいのです。も少し早く御願ひすればよろしかったのでした。フチへよろしく、幸恵さん（注・一〇字前後不明）願ひます。（K8）

一一月と言えば学会シーズン、急いでいるのは、京都での学会資料だったからか。最後の行は、「幸恵さん」のあと一〇字ほど？　不明で、「願います」と結ばれているのが印象的だ。質問はどういうことなのか、この追いかけには、謎解きの面白さもあった。マツと金田一の関係に関心をもつ研究者、旭川の大塚一美が、彼は、質問の単語のうち、koomukukkeをふくむところを金田一の『アイヌ叙事詩　ユーカラ集Ⅱ PORO OINA（大伝）』の三五四ページにみつけてくれた。該当部分を摘出する。

…………
pirkapon ai　よき小箭
koomukke　ずぶりと入る
retar airap　白い矢の羽が
koomukukke ずぶりと刺さり
kunne airap　黒いやの羽は
koetusushke　打ちふるえ
iyehshi wa　あちらを向いて
…………

「例言」によると、「この巻には金成まつ女史筆録のPORO OINA（幌別）のほかに、その注釈の意味で、わたしの記録した日高のPORO OINA（異伝Ⅰ）、KAMUI OINA（異伝Ⅱ～Ⅳ）を参考にあげた」とあり、金田一が葉書で質問したのは、「異伝Ⅲ」・「日高沙流・タウクノ所伝」の一節だった。タウクノ（一八六〇～一九二〇）は、金田一アイヌ学で重要な役割をもつワカルパの妻である。金田一は、「大正四年の夏、樺太東海岸アイヌ部落を巡訪しての帰りの秋」、日高の紫雲古津を訪ね、五五歳の彼女の語るユカラを聞いている。（「太古の国の遍路から」）

金田一から質問を聞いたマツは、それがタウクノのユカラの一節、とわかったのではないか。というのは、タウクノはマツより一五歳年長で、マツが平取の教会にいるとき知り合いだったからだ。マツの平取在勤は二四～三四歳、その頃、タウクノは三九～四九歳だった。教会のあった場所とタウクノの住む紫雲古津とは六～七キロしか離れていない。教会はここでも人の寄り合う集会場だった。

タウクノのことは別にしてもマツは日高のこのユカラを覚えていた可能性がある。昭和二（一九二七）年九月一四日、マツは金田一に宛てた手紙のなかで、次のようなことを明かしているからだ。「（先生から沙流川の話を聞くと）私も沙流の先祖を持つ者です故、懐かしい」、また、「私も日高や二風谷のエカシ（長老）から生まれており」ともあるのだ。金成家、もしくは他家から嫁いできた母のモナシノウクの出自を私は詳しく知らない。いま、その関係を探る時間を持たないが、実は、金田一は、昭和二年より前にこの伝を知っていた。大正一二年発表の彼の「盲詩人」に、マツのこの伝に繋がる話が書かれている。ワカルパの系図の後に、「その子孫は、現に鵡川及び登別方面にあり、アイヌ神謡集の著者知里幸恵子もこの裔の家系だといって、カユシビンナの同じ伝説を伝えていた……」と、ある。

ワカルパから聞いたのだろう。

とすると、タウクノが謡う沙流川沿いのユカラをマツが記憶していてふしぎない。

マツは、ともあれ、沙流川の風詠を思い浮かべながら、金田一の質問を代行して聞く幸恵に応えながら、

「金田一先生が聞いてきたkoomukukkeがあるこんなユカラを私も覚えている――」

と、謡い聞かせた。幸恵はそれをローマ字で書き留める。それが旭川郷土博物館所蔵『知里幸恵嬢遺稿』に収録されている「此の砂は赤い赤い」であった。

ストーリーは、悪戯ずきの悪魔の子がいて、悪い水を流して川を汚した。すると鮭がのぼらなくなった。また悪い風を吹かすと、鹿たちも天に上っていってしまった。そのとき、主人公ポンオキキリムイの私が、きれいな水、きれいな風を吹かせると、鮭も鹿も戻ってきた、という短い話である。

なかに、質問の単語「koomukke」は三カ所にみられる。うちの一カ所の数行を拾っておく。

………

tapan petpo　此の川の

petetokoho　源の方へ飛んで
koomukukke 見えなくなりました
shi onitasa　すると
petetok wano 水源の方から
………

なお、田村すず子は『アイヌ語沙流方言辞典』（草風館・この辞典では金田一、幸恵のuの表記がoとなっている）でkoomukukkeを、「【雅】……に姿を消す。天高くのぼって姿が見えなくなった。参考・この世での生活を終えた神の姿になって天の国へ帰って行くシーンで使われる表現。」としている。

さて、質問の方、どんな回答をしたかわからないが、金田一の礼状は一一月二一日付け、連名宛てになっている。

早速御返事を戴き御陰でハッキリ了解、ありがたく御禮を申し上げます。一足ちがひで間にあハなかったかも知れませんが、京都の大学の都（注・「合」の脱字？）で出発を二日ほど延期しましたので只今（廿一日朝）御葉書を拝見することが出来ました。篤く御禮申し上げます。それに皆さま御全快の御しらせ何とも何とも愉快にたへられません。幸恵さんがアイヌ語を書きはじめ

られたとは、ほんとに大した事です。どうぞ祝福あらんことを!!（K9）

六日間で金田一の願いは繋がったことになる。いまの郵便事情にくらべても遜色ない速さだ。幸恵は、息せき切って要点を認めて投函したであろう。金田一の、「助かった」という顔色が目に浮かぶ。一字の脱字と「!!」に、喜色満面、高揚した彼の気持ちの跡がある。

連名の宛名にしたのは、マツのアイヌ語を和訳したときのニュアンスの正確な表現は、「近文の一夜」で力を見た、両方の言語に堪能な「お婆ちゃんっ子」幸恵に頼るしかない、と金田一は考えたからであろう。

この信頼感は、さきほどのようにウエペケレを見て強められていたからに違いない。だから、連名宛て二枚の葉書には、アイヌの老人にモノを聞くのとは違う金田一がいる。

このときの幸恵は、もうインフォマントではない。

対等の同学者にあてた礼がこの葉書にはある。読んだ彼女も、傍点部分が励ましに見えて嬉しかったろう。

ここで、幸恵がマツから聞いて筆録した、「此の砂赤い赤い」が、市立旭川郷土博物館所蔵『永久保存知里幸恵嬢遺稿』までいきついた道を考える。

まず『—遺稿』の生いたちを、『旭川郷土博物館研究報告』6号（昭和四二年三月）掲載の、館長・

松井恒幸と学芸員・其田良雄の「解題」に聞いておく。

それによると、『――遺稿』は、昭和二七（一九五二）年、旭川ＣＩＥ図書館が、佐々木長左衛門から一括買い上げたアイヌ関係文献に含まれていた資料で、「（豊栄小学校校長）佐々木が大正一一年七月、刊行の『アイヌの話』に収録するため、同校の卒業生の幸恵さんに依頼して書いてもらった」。「上下二段のワク組みある上川第五尋常小学校（注・大正七年四月、豊栄小学校と改称されたため不用になった）名が刷り込まれた用紙Ａ５版、一〇枚」の枚数。『アイヌの話』（10節参照）は、幸恵の死（大正一一年九月）の二カ月前に初刷りが出されるが、この稿には、「著者の学校（豊栄小学校）の卒業生の知里幸恵嬢（アイヌ人）から特に寄せられたものです」とメモの記入があり、第一ページは、「大正十年冬　故　知里幸恵嬢遺稿」と、ペン字で書き込みされている。「解題」者は、この書き込みは幸恵の死後にされたとみる。

『――遺稿』には、二編の「イタク・ウコラムヌカラ（知恵くらべ）」と、一編の「カムイ・ユカラ（「此の砂は赤い赤い」小さなオキキリムイの自伝物語）」が収められている。

書き込みの「大正十年冬」を、北道邦彦は、幸恵のローマ字学習の跡を追いながら、「大正九年から一〇年にかけての冬期」（『ノート版　アイヌ神謡集　知里幸恵著』北道邦彦編）と言っている。私もそう思う。

『――遺稿』をみて興味がひかれるところをあげる。

まず、左側にアイヌ語がローマ字で、右側にその和訳が対照されていることだ。この『――遺稿』を書いたのが、「大正九年から一〇年の冬」とすると、この節冒頭の、金田一の葉書（K11）のアドヴァイス以前に彼女はそのやり方で書いていたことになる。

また、欄外の注記も気になる。

筆録冒頭の、「Tan ota hure hure…」について彼女は、本文と同じ横書きで、「これはSakeheと申しまして、カムイユカラの場合は節面白く歌の様に語るのですが一句一句の間へ此のサケへがはさまるのです。一々同じ事を書くのは面倒ですから、はじめの方にだけ書いて置きます」と注記している。

これより後に書く『アイヌ神謡集』でも彼女は、サケへは最初だけで後は省略しているが、誰に教えられたのでもなく、このときすでにこの形になっていた。また、この物語の主人公のポンオキキリムイを解説する注がみごとだ。

Pon Okikirmuy。これは胆振、日高では、オキキリムイを昔はえらい人として尊びますが、近文では何だかオキキリムイを卑しんでSamayun Kur（注・サマユンクル）といふのを尊敬してゐる様です。イフリ（注・胆振）では、これをいやしめます。大昔オキキリムイと、Nitne Kamuy（注・ニトゥネカムイ）が大戦争をした事があります。このカムイカラ（注・神謡）は、そのオキキリムイの子とNitne Kamuyの子とがけんくわをした事を云ってゐます。ポンをつけるのは、ちょうど小楠公、大楠公といふのと同じです。

アイヌ語と日本語の左右対訳といい、注での「サケヘ」の説明といい、またこの神謡の主人公・ポンオキキリムイに、「ポン（注・アイヌ語・小さい）をつけるのは小楠公、大楠公と同じです」と、当時の日本人なら誰でも知ってる歴史話で括り説明するなどは、並でできるものではない。民族学、言語学の教育を受けてない一七歳の幸恵がどこでこの形を学んだのだろうか。

筆録が終った最終ページに、彼女は、そこまでがすべて横書きであるのに、縦書きで、数行の短信？ を付けている。

ユカラを書きた
いと思ひ
ましたが、私は
まだ、ユカラを一度も書いた
事がありません
ので、思切って
書く事が
出来ません
でした。

この文言は、「ユカラを書いたことはない」が、ほかのもの、例えば「ウエペケレは書いたことはある」を暗示――それは、あの手帳の「ウエペケレ」をさしている、とも読める。

それにしても、この短信？　は誰に宛てたものだろうか。

「『アイヌの話』に収録するために幸恵さんに書いてもらった」という佐々木であれば、すぐ会えるのだから必要ない数行だ。

そこで頭に浮かぶのが、後に彼女が金田一に送るノートの余白に書いた、彼宛てと見える次の短信風の注との類似である。

ウリリは鳥の名だそうですが、日本語で何といふのか知りせん。バチラー・ニシパのアイヌ語辞典でも見たらわかる事と思ひます。

バチラーの辞典がないので彼女はこう書いたのだろうが、これに金田一は、「鵜トアリマス。カラスニ似テ黒ク、水ニクグッテ魚ヲトル鳥デセウ」と、応えている。幸恵との問答になっている。また、「此の歌は優しい感じがします。この節が、私は大好きでございます」ともユカラ＝神謡の世界と一体化した自分の気持ちを金田一に伝えた注もある。これらは注というより手紙とみたほうがいい。

ここで付け加えておきたいひとつがある。金田一京助が、『民族学研究』（二一巻三号　一九五七年八月）に発表した「アイヌの昔話―知里幸恵集拾遺―」の「序」のこと。こう書いている。

「大正一一年送られてきたノートには文末の後註があるが註が、私への物を言う形になっているけれども、参考になる註釈であるから、原本通りに転載しておく」

見てわかるように、ここには、幸恵の通信風注というか、短い手紙？　というかを大事にしていた金田一京助があらわれている。

ちなみに、二篇のうちのひとつは、「石狩の首領」というウエペケレで、11節の手帳のウエペケレを発展させたものである。

このような例から見ると、『――遺稿』に収めれれている「此の砂は赤い赤い」のあの短信風の注は、金田一に宛てたもの、とみて間違いない。

ここで、この「此の砂は赤い赤い」を幸恵がいつ金田一に送ったかを考える。

それを解くカギは、金田一の幸恵に宛てた大正一〇年一月一〇日の次の葉書にあるような気がする。

御手紙拝見、御稿はすぐ様御返上申すべきの□□、まだ手ばなしかねて失礼致し□は本当に忙殺されて、よって拝見しがたきことの苦しさと、何といふものか愛惜されて□なをないので如々失礼を重ねました。今ぢき手が一時あきますので今度こそと思ってゐます。濁音についての御意見誠に御立派です。それからyukara,uwepekere等の終のツズリのこと、本当にその事に言及すべきであって、この前に落したのです。ただｒだけで済ましておきになるあなたの表記法は、誠に大胆な御見識で、私も思いきってそうは今迄書かなかった（ただバチラー先生の綴に盲従して）のを、あなたの表記法を見て、すっかり感服していた処だったのです。世界のどこへ出しても非難のされようのない正しい正しい表記法なのです。どんどんそれでおやりなさい。（K10）

彼女の年譜に、「10・1・10」のこの葉書を挿入、考えてみていると文中の「御稿」が妙にひっかかってくる。

金田一は、幸恵の書いたもの、例えば返送されてきたノートには、「筆記は今日拝受」（K11）、「この一冊の集だけでも」（K13）といっている。明らかに「御稿」とは別扱いだ。

としてみると、（K10）の「御稿」は、原稿をしじゅう書いている金田一には、ノートに書いた「筆記」と違う、「原稿」と見えるものだったに違いない。

そこで考えられるのは、幸恵は一一月一五日の質問（K8）に回答したあと、マツから聞いて罫紙に書いた「此の砂は赤い赤い」に、短信を書き足し金田一に送る。受けた金田一はそれが原稿に見えた——この葉書はその礼状だったのだ。

とすると、この稿が送られたのは大正九年末から、大正一〇年初め、（K10）の葉書の間とみていいと思う。

そして、「御稿はすぐ様御返上申すべき」とあるのは、読んだあと、「添削して（返して）ほしい」とあったのかもしれない。

金田一から返送されたのがいつかはわからないが、その後、「私の本にそれを使わせてほしい—

だろうか。

──」と、いう佐々木に渡り、時が流れて『知里幸恵嬢遺稿』となった、とするのは、推理が過ぎる

この葉書には、ちょっと気になる言い方がある。「本当にその事に云々……」に続く、「この前」とは、いつのことか──。私は、試作品として送った、11節のウエペケレのときではなかったか、と思う。それだと、ra,reの「ツズリ」に関係してくるから、文脈がつながる──。

金田一は、「御稿」をみて「Yukara,Wepeker等の……」表記に対する驚嘆はふつうの驚きでない。この驚きは、言語学に素人の私が説明しては間違うので、幸恵の弟の知里真志保に聞く。(『アイヌ語入門』昭31)

──アイヌ語には、日本語と違って閉音節がふんだんにあるが、例えば、閉音節の尾音の－rは、それに実在しない母音を加えてユーカラをyukaraと書く人がある。これは間違いであってラraと聞こえたのは直前の母音のaが響いたからである。この場合、語尾のaはアイヌの意識には存在しないものである。

アイヌ語研究では、いまでこそこれは常識になっているが、幸恵以前にはなかった。金田一も「バチラーの方法に盲従して」書いていたのであった。

知里真志保は、『アイヌ語入門』でこの種の間違いをする研究者にひどく腹をたてていた。そう

いう間違いに平気なのは、アイヌ研究を安易に考えているからで、アイヌ蔑視、アイヌ差別につながる、ときびしかった。

金田一の一番弟子の久保寺逸彦は、『アイヌ神謡集』ぜんたいについての感想として次のように言う。（『アイヌ叙事詩　神謡・聖伝の研究』）

（前略）知里幸恵氏の『アイヌ神謡集』の一三編は、胆振の海岸地帯のもので、日高沙流辺のものより古雅な姿を失ったかに見える代わり、表現叙述の修辞的技巧が著しく進んで、本当の文学的領域に一歩近づいたことを思わしめるばかりでなく、文学的才能に恵まれた才女幸恵氏の頭脳を通して、よく整理され、冗漫な叙述を避けて、美事に記録されたように想えるのである。（後略）

これは幸恵が〝アイヌ神謡〟にすすむきっかけになったと思われる、金田一質問のkoomukukkeという「雅語」が二回目のノート、三回目の『アイヌ神謡集』にはみられないことを指してるのかもしれない。なぜ、彼女がこの「雅語」を使わなくなるのか、私にはわからない。口承文芸を考える上で興味のあることだ。

こうして時間の流れをつめていくと、知里幸恵が初めてユカラ＝アイヌの神謡をものしたのは、

「此の砂は赤い赤い」を書いたとき、ということになる。

彼女が、金田一からの、「幸恵さんがアイヌ語を書きはじめられたとは、ほんとに大した事です。どうぞ祝福あらんことを!!」（K９）と質問の礼状をもらったのは大正九年一一月二一日、その直後と思われる「此の砂は赤い赤い」に対して金田一は、「世界のどこに出しても非難のされようのない正しい正しい表記法なのです。どんどんそれでおやりなさい」（K10）と賛辞を送る。これは幸恵にどれだけ大きな励みになったことか。

つまり、彼女がユカラを書いた初めは、金田一の二つの葉書、K９とK10の間、大正九年一一月後半から一二月末ということになる。

知里幸恵、一七歳のときである。

おそらく彼女は、それまで他人からこれだけの賛辞を受けたことはなかったろう。

この賛辞を励みに書いたノート、第一回目の成果品を金田一に送ったのが、大正一〇年四月。初めてユカラを書いてから四カ月後だったわけだが、このように時間をつないでいくと、知里幸恵の大正九年＝一九二〇年、彼女の一七歳は、11節のウエペケレと「此の砂は赤い赤い」を双璧にして、次の〝アイヌ神謡集〟の時代への心が弾む季節、ということができる。

この年、この季節の後半は、彼女の体調はこの年春までに比べて一番恢復していたかもしれない。

幸恵のローマ字学習中のこと――。

松井マテアルさんは生前、「私は、教会の日曜学校でオルガンをひくことと、ローマ字を習ったことがある」と、言っていたが、ローマ字の教え子のなかには、名寄の青年、彼女の恋人・村井曾太郎もいた。

13　幸恵恋譜

「恋譜」――こんな言葉があるのか、どうか、私の手元の辞書にはない。江戸時代の有名な民俗誌『北越雪譜』（鈴木牧之）から借用した。広く、青春譜という意味に使いたい。

幸恵と恋人の村井曾太郎のことは、1節の終りに述べたようにいくつかの間違いが伝えられている。とくに、中井三好著『知里幸恵　十九歳の遺言』（彩流社）はひどい。

それには――、
幸恵は、金田一のところにいくとき、「自分が東京のシサムの男たちの、文明という狂気な暴力に屈しない証を立てなければならない」と、生涯添いつづける村井に「ウプショルクツ」を贈った、とある。しかも、手渡すとき、弟の真志保を証人のように登場させている。

このような大事は、語った人がいたなら、ウラづけながら教えてほしいものだ。

だいたい「upusor-un-kut（女の下帯・いわゆる貞操帯）」はそのような使い方をされるものでない。この著者は「略歴」によると俳人らしいが、〝知里幸恵〟という女性をていねいにみてほしかった。

私はこの節では、幸恵・曾太郎二人の青春のために、伝えられているいくつかの間違いを正しておきたい。

まず、私も、幸恵、曾太郎の出会いを間違って教えられたことがあるところから入っていく。

曾太郎は大正八年早春、旭川の第七師団に入隊する。

入隊した彼を、近文のマツの教会に連れていった人がいた。曾太郎と同じ名寄のナイブチコタンの三歳上の友人、旭川の靴屋に奉公していた宮田大資だった。昭和四五年、大阪に住んでいた彼はこう言って笑っていた。

「オレが先に幸恵を好きだった。オレが村井に紹介した。ところがアイツにとられてしまった」と。

そういうことは、よくあることだ。両家とも、名寄の有力家系で、親しいライバルの一人が言うことなので、私はすっかり真に受けてしまった。

ところが、筋道はそうでないことが最近わかった。

こんなことから――。

私がみることができた幸恵が発信した手紙類は一七通（資料14―1）であるが、なかは親密なあいだがらを語る文面なのに、宛名の人と幸恵の関係がわからない葉書が一通ある。

カタカナで、受けた人が読みやすいようにか、ていねいに分かち書きされている。

宛先は、「北海道天塩國上川郡名寄町名寄太九線　伊藤元子様」。発信人の幸恵の住所は東京の

「金田一京助様方」とあり、「二十三日」の発信日だけで「月」がない。郵便局の消印が押されてない。投函されなかったのだ。幸恵の東京滞在は大正一一年五月〜九月だから、この葉書はその間のもの。彼女の遺品といっしょに金田一家に保管されていたのは、投函されなかったからだ。なぜ投函されなかったのか、気になっていた。

書き出し冒頭には「ハマ子様」と宛名と違う名がある——これも、投函されなかったこととあわせて、私には長い間の「?」であった。

ハマ子様　御タヨリ　ヲ　有難ウゴザイマシタ、ホントウ　ニ　私ハウレシウ　ゴザイマシタヨ、皆々様　オカワリモ　ナクテ、何ヨリモ　ケッコウ　ナ　コトデス、私モ　オカゲサマデタッシャ　デ　クラシテヲリマスノ、北海道ハ、寒イ　トユウコト　ヲ　キイテ　タマゲマシタ、ソレデハ、ハタケモノ　モ　ヨクナイデセウ、ソレデモ、北海道ガ、ナツカシクナリマシタ、（後略）（Y15）

あるとき、北海道ウタリ協会の竹内渉に、この「?」で困っている話をすると、名寄出身の伊藤稔という人を紹介されて、ある秋の終りに会うことができた。彼は、挨拶のあと、

「元子は私の母です」

と言った。

そして、「母の名は戸籍上はモト、通称は元子、なぜかハマ子と呼ばれてた」と、彼が言った。

「そうだったんですか――」

それだけでなく、「明治三十四年生、昭和五十七年死」のその人は、驚くことに、村井曾太郎と従兄妹であった。元子の母（アイヌ名・アレモン）と曾太郎の母（アイヌ名・ウカンノト）は姉妹だったのだ。千歳生まれで、二人は、それぞれ日高の門別の村井家、伊藤家に嫁ぐ。

さらに、思いがけないことも教えられた。

姉妹とマツが親しい友人だった、というのだ。

私はびっくりした。

こういういきさつだった。姉妹が嫁いで間もなく、門別からほど近い、平取の教会にマツが赴任してきた。年かっこうが近いマツと二人の姉妹はすぐ親しくなった。マツの平取時代の初期だから、いっしょに勤めていたナミも姉妹と知り合いとなったはず。

村井、伊藤両家はその後、名寄へ移住。それより、一〇年ほどおくれてマツが旭川・近文の教会に転勤、一時切れていたつきあいが再開される。

近文コタンには、7節でみたように、マツに対するよそ者視線があった。マツのその空疎感は、平取時代の二人の友人により癒されたに違いない。

名寄と旭川は約七〇キロはなれているが、つきあいが再開された頃、村井家には明治三一年生れの曾太郎、伊藤家には三四年生まれの元子、そしてマツのところには三三年生まれの幸恵がいた。親たちが親しかったので、三人の子供たちが、馴染みになるのはしぜんのなりゆきだった。

だから、幸恵、曾太郎の出会いチャンスをつくった、という、さきほどの宮田の話は違っていたことになるが、宮田のあの話は悪意からでない。彼は、曾太郎とは別にマツの教会にいき、幸恵と知り会う機会はいくらでもあったはずだ。五〇年以上の時間が過ぎて、彼のなかの、美しい物語を、私は聞いた、と思っている。

写真をみると曾太郎はがっしりした体つきをしている。彼は小学校を終る頃になると、親から言われて米や野菜を運んでくることがあったが、大工仕事が得意だったので、男手のないマツの家の、壊れた戸や棚を修理したり、女手ばかりのマツは助かった。

曾太郎の入隊翌年の大正九年は、幸恵の卒業の年であるが、体調を崩していた彼女は、その頃、教会の日曜学校で、松井マテアルや子供たちにローマ字を教えていた。そのローマ字教室の一員に曾太郎がいたことは前節の終りに書いた。

入隊後、曾太郎のところには、母（大9・10死）が面会にきたが、隊の休日は彼は母といっしょにマツの教会でくつろいでいた。マツも曾太郎の母も若い二人の心の動きを知っていた。

荒井源次郎氏やマテアルさんは、曾太郎がきているときの教会からは、大きな笑い声が聞こえていた、という。

曾太郎からの葉書がある。「歩六ノ五」「村」と名前が省略されいる。兵舎からなので、幸恵への感情表現は押さえられている。

大正九年「五月二十一日」とある。

春もいつのまにたけなはになって前の練兵場も緑滴ってゐます。すぎゆく春秋のあまりに早きに驚かざるを得ません。久し振りでお便りに接しまして嬉しう感じました。そして又近頃の状況もうかがふ事が得まして、なんだか急にむかしなつかしの情にかられました。しかし、世の中は三日見ぬ間の桜かなで、変れば変る出来事にいとど同情の念に堪えません。フチも病気であったのですってね。心配でしたらふ。幸恵様もあまり体がよくなくていつも病院に御通いとの事ですが、せっかく静養して達者な体になって下さい。私等は今年はさっぱり演習にも出ず医務室の薬臭き室で陛下の御仕事の為奉公してゐます。でも体はいつもの通り丈夫です。お母様にもよろしく申して下さい。その内暇をみてぜひ一度御伺をいたしませう。これで失礼します。

サイナラ。

傍点のように幸恵からも便りが寄せられていた様子がわかる。

フチ＝モナシノウクが病気だったこと、幸恵の病院通いのことを知らせている。休暇のとき、マツの家にくる彼の顔をみていても、幸恵は、あれこれ様子を便りに書きたかったのだろう。「暇をみて伺う」とあるのは、休暇日のことを言ってるのだろうが、モナシノウク、マツ、それに自分も病院通いで心ぼそい彼女は、彼の休暇日が待ち遠しかったことだろう。

幸恵のあの手帳の料理メモ（12節）がこの前後だったとすれば、兎料理、バターいため、サラダなど、三人の健康管理はもちろんとしても、女学校では習わなかった、実戦的洋風料理をメモしながら、彼女の頭に曾太郎の顔があったかもしれない。

曾太郎がいつ除隊したか、正確にはわからないが、大正一〇年の春には名寄に帰っていた。


幸恵と曾太郎の恋愛に母のナミは反対していた。

冬の寒い日、大正一一年の一月初め？　ナミは旭川まできて幸恵に強い意見したことがあった。ナミは短い平取勤務時代、曾太郎の母親とは知り合いだったはずだが、反対の理由は、曾太郎の人柄でなく、彼の家が農家だ、ということだった。自分も農家に嫁いできて苦労している。体の弱い娘に同じ苦労をさせたくなかったのだ。

長い時間、幸恵は、流し台前の冷たい板の間に坐って、母の話を聞き、泣いていた、という。

曾太郎に好感をもつモナシノウクとマツは、幸恵と曾太郎の関係に賛成していた。村井の家には、遊びにきたマツを囲む写真があった。平取以来の親しいつきあいの続きがみられる。

幸恵がモナシノウクといっしょに村井家に遊びにいったことを語る、曾太郎から幸恵あて、ローマ字の葉書（次ページ）がある。

名寄郵便局、大正「11・1・8」の消印がある。差出人の曾太郎の名前の上に「一月六日夜」とある。とすると、フチ（モナシノウクのこと）と幸恵が、村井家にきたのはその前、ということになる。正月、なん日いたのだろうか。

ナミが反対していることを曾太郎は幸恵から聞いていた。モナシノウクと幸恵が名寄から帰ったのは正月明け、母・ナミの旭川行とどう前後するのか。マツの便りには、読めないローマ字が「と

mi na san o kawari a rimasen ka?
o annji mo shi agete masu. fuchi to yukiye
san, buji ni tsu i tade seoka.
kiyoka kiyoka to, otayori o machi
shite ima su.okasan（注・マツのこと） yori roma
jino hagaki nimai itada ki
mashitaga, *uturu uturu*
yomemasen node zan nen desu. nanndemo
watashira no sinpaino yode arimasu.
(中略)
okkasan nimo fuchi nimo ma
shihosan ni mo yoroshiku
ta no mi masu. mata
otayori tanomi masu. sa ra n pa

皆さん　お変わりありませんか？
お案じ申しあげてます。フチと幸恵
さん、無事に着いたでせうか。
今日か今日かと、お便りお待ち
しています。お母さんよりローマ
字のハガキ二枚頂き
ましたが、uturu uturu（注・アイヌ語　ところどころ）
読めませんので残念です。なんでも
私らの心配のようであります。
(中略)
おっかさんにもフチにも、真
志保さんにもよろしく
頼みます。また
お便り頼みます。サランパ

ころどころ」あって、彼は「私たちの心配ごと」のなりゆきが気になかかる。末尾の「お便り頼みます」に、彼のもどかしさが潜んでいる。

「真志保さんによろしく」ともあるが、大正一〇年四月から、弟の真志保は旭川にきて、マツのところから上川尋常小学校高等科一年に入学していた。

私が、二人のことを聞くのに名寄を訪ねたとき、まだ健在だった曾太郎夫人の千代さんは、「主人は幸恵さんからのローマ字の手紙を大切にしていた――」と話していた。

知里シゲさんは、マツ・ナミ姉妹がこんな話をしているのを聞いている。

「こんなに早く死ぬんだったら、あんなむごいこといわないで、ちゃんと一緒にさせてやればよかった、かわいそうなことした」と。

私は松井マテアルさんからこういう話を聞いたことがある。

曾太郎との感情が進行中、アイヌの娘が和人と結婚したがることが話題になったとき、幸恵はマテアルに、「アイヌはアイヌどうしで一緒になるのが一番、しあわせなのよ」と、言ったという。

そういう思い出ばなしのなかで、マテアルさんはこんな驚くことを聞かせてくれた。

実は、二人は、上京前に名寄で仮祝言をあげていた、というのだ。私は、「えっ！」と驚き、聞き返す声が出なかった。幸恵のことをよく知ってるはずの佐藤三次郎・ミサオ夫妻からも聞いたことがないので、にわかに信じることができなかった。ところが、名寄で曾太郎夫人の千代さんからもそのことを聞いた。

祝言は、幸恵が上京する少し前、まだ雪が積もっていた頃、マツも一緒にきて村井家であげられた。そして、彼女はそのままひと月ほど名寄にいた。彼女が上京のため名寄を離れたのはまだ雪の消えやらぬ四月初めだったから、祝言は三月初め、ということになる。

ここで大事なことがある。

それは、『アイヌ神謡集』の「序」（資料6）の日付けが「大正十一年三月一日」になっていることだ。

どうして仮祝言の前後の日付けなのだろうか。もうこのとき、神謡集のノート原稿ができていたのだろうか。ふしぎである。

このことには後で触れなければならない。

名寄を離れるとき、曾太郎は旭川まで幸恵を送っていった。

彼は、まわりにこう言っていた。

「幸恵は、本を出すために東京に行った。仕事が終ったら帰ってくる——」

また、幸恵が死んでからであるが、「幸恵を金田一という人にとられた」と、千代さんに話したことがあったという。

私が千代夫人に会ったのは昭和四五年一一月末だった。夫人によると、彼女自身もマツの教会にはよく遊びにいき、幸恵とも馴染みであった。

「曾太郎は太平洋戦争が終ってから死んだが、幸恵さんと曾太郎のことは、名寄の古い人はみんな知っている。幸恵さんは、私が死ぬときは、誰もいなくてもいいから、あなたの腕に抱かれて死にたい、と言ってたそうです。また、体が弱い自分はいつ死ぬか分らない。そうしたら、あの人は——私のことですが、体が丈夫だからあの人と再婚しなさい、とも話していたそうです」

千代夫人は「再婚」という言葉で二人の関係を認めたが、この話からすると、幸恵は自分の体の弱点に不安を抱きながら仮祝言をあげたことになる。

曾太郎・千代夫妻は一〇人の子福者だったが、夫人は、「主人は、子供たちに楽しそうにローマ字を教えていた」とも語っていた。

その頃の幸恵を知ることのできる手紙が二つある。一通は前年からマツのところにきていた弟・真志保が両親にあてた巻紙の手紙である。

（前略）私は相変わらず丈夫で高等二年に通学致し居ります。フチも伯母さんも、姉さんも皆達者で日を送って居りますから御休心下さい。サルコップもエトリンネ（注・ともに猫の名）も皆元気で登別に手紙やったら私等からも宣敷と云った様な顔付きをして居ります。姉さんは道雄さんから習った歌をけいこして居るし、伯母さんは読書に耽って居ります。フチは今日、朝早く起きて何かしてゐました。この間、名寄から村井さんが来て僕に五十銭くれました。（後略）

そして余白に、「達者で日を送っている」四人を即興的にスケッチしている。真志保自身は学生帽に絣の着物、「唯今帰リマシタ。鰊買ッテ来タドウ、イイベ」と、言いながら左手に縄で結わえた魚をぶらさげている図。「伯母さん」のマツは、「イイモナモ、コンナ大キナ鰊、上手ニ買イモノシテ」と誉めている。蒲団に「寝テイルノハフチ」＝モナシノウクも描かれている。蒲団の端には寝そべっている二匹の猫。左手にオルガンに向かっている幸恵。「空には月なく星さへなくて」と歌っている。

この手紙には「大正拾壱年四月九日（日曜）晩ノ九時書終」とある。とすると、「名寄の村井さんが来て僕に五十銭」くれた「この間」は、名寄から幸恵を送ってきたときで、三月末か四月初めのことか。曾太郎が、マツの家の空気に溶けこんでいる様子を感じとることができる。

当然、弟の真志保も姉と曾太郎の関係は承知していたはずである。

いま一通は幸恵から両親あての手紙、日付けはやはり同日、姉弟誘いあって書いたものだろう。

（前略）此の間申し上げました私の上京について申しあげますが、お父様は不賛成だという事で、私たいへん心細くなりました。何卒後生のお願ひですからお父様御賛成下さる様におねがひ申しあげます。上京と申しましても別に大へんな野心があってでハないのです。金田一様のお家へ行って奥様のお手許で裁縫でも台所の方にでもお手伝ひして、傍ら金田一先生のアイヌ語研究のお話相手をするのです。べつに身体を動かして大して気を労する事でありません。東京見物でもして気をかえて見ようと思います。今は平和博覧会も開かれてゐますから一生の思出のたねに旅行をして見たいと思ひます。（中略）ちょうどフチが此の度帰ると云はれますからお送りして登別へ帰ります。少し都合がありまして三十日のを二十八日に決めました。そしてお家から東京へ立ちたいと思うのです。（後略）（Y9）

このあたりには、金田一と上京日程の打ち合わせをしていた様子が読みとれるが、そのやりとりの一枚が次の金田一の葉書。幸恵が上京を決めたのがいつ頃か、およそ推察される。

御手紙ありがとう。何度、私の方からさう云ってあげようか知らと思ったかしれないのでした。ちょっと人手がほしく、誰かひとり家にゐてくれる人がありさえすればよいのに、それがない為に苦労する程でしたから。もっとも、その人手は今は出来て心配なくなってゐますが、あなたが私のところへ来ようといふ意志が御ありでしたら、いつでも喜んで歓迎します。ただ私方ハ家ぢゅう流行感冒にかかって子供ハよくなりましたが、妻は盲腸炎を併発して病院へ入院し、私が子供の世話をしながら(それ御しめだ、それ牛乳だと大へんなさわぎ)、学校と病院通ひでメチャクチャに繁忙な日を送ってゐました。その為、ちょっと御ぶさたしました。三月になれバ、博覧会に上京する日高人がありますが、同車をすればわけなく上京できます。

（K21）

この葉書は、幸恵の上京意向に対する金田一の返事で、彼女の気持ちをうかがい知るのに大事だが、日付けがないし、押印もかすれていて日時がはっきりしない。

文中、「御しめや牛乳」の世話をしなければならない子供というのは、大正一〇年四月に生まれた金田一の四女・若葉のこと。それと「三月になれバ」から、三月より前ということが分かる。博覧会は、大正一一年三月一〇日〜七月二一日までの〝平和記念東京博覧会〟のこと。かすれた押印は、月のところはうすく「2」、日は一桁なのか二桁なのか不明。それでこの葉書の投函は大正「11・2・?」。

したがって幸恵が、上京意志をかためたのは、曾太郎のローマ字葉書とこの金田一の葉書（K21）までのあいだで、このあいだに二人の仮祝言があったことになる。仮祝言の日取りは上京日程にからめて決められたとも考えられる。

さきほどの幸恵の両親あての手紙（Y9）は、このあと、上京の目的を説明している。

（前略）何卒御父様右の儀御賛成下さいます様、謹んでお願い申上げます。今アイヌ民譚集といふものを書いてゐます。此の原稿が書き上ると、炉辺叢書とかいふもののうちに一冊として金田一先生のお世話で出版して貰へるのださうです。その炉辺叢書の主宰者は柳田国男とかいふ人で五月の半頃に欧州へ行かれるとかいう話で、原稿は本月中に書き上げる事になつてゐますので、私は毎日それを書いてゐます。（後略）（Y9）

上京には、父の高吉が賛成してなかったことがこれでわかる。高吉は、曾太郎のことは別にして、身体の弱い幸恵がひとりで、しかも、生まれて初めて上京するのを懸念していたのだ。この件では、曾太郎とのことに反対のナミが、逆に、夫・高吉を説得していたようだ。

だから、幸恵の内心は複雑だったろう。自分の想いを理解してくれる伯母と、反対する母、上京に反対の父、それになによりも曾太郎への想い――「東京見物でもして気をかえて見よう……」というあたりに、板挟みの幸恵がいる。

金田一は板挟みの悩みを彼女から聞いていた。「故知里幸恵さんの追憶」にこうある。

（前略）幸恵さんの今度の上京は、半年か、長くて一年位に思っていました（丁度縁談が始まって、近く家庭の人とならねばならぬことを覚悟して）。従って、その月日では上の学校へ入ってもどうせ半端故、寧ろ、和人の普通の婦人の嗜みとする琴（幸恵さんは音楽にも天稟をもっていました）、活花、及び英語を学びたいと云卯っていました。それでその他は追々行《や》ることにして、まず英語を始めていたのでした。この方も大層熱心でずんずん上達しました。その合間合間には、自ら筆を下して、暗誦している種族の古典の叙事詩を筆録していました。（後略）

上京前、幸恵は、「縁談が始まって」と、仮祝言のことは打ち明けてはないが、曾太郎の関係は、金田一に知らせていた。が、恋愛をめぐっての、マツ、ナミ、それに父、三人三様の心模様を、上京後、金田一に相談ともつかず話していたようだ。

彼は、幸恵の苦悩を具体的な記録としていた。1節でも紹介した昭和一二年『婦人公論』掲載の彼のエッセイである。

（前略）幸恵さんの上京の本当の動機は恐らく私のみが知ってゐること、そして今始めて明かすことであるが、それは実に痛々しい愛の問題からであった。これを申してよいか、どうか知らないけれど、幸恵さんの事情をハッキリさせる上には、必要なことだから書くのである。（後略）

金田一は、「これを申してよいか、どうか」とためらいながら、幸恵の〝恋譜〟を残そうとしたようである。

幸恵は曾太郎のことを金田一に語るとき、彼の母がマツと古い友人だったことも話したかどうかは、文章には触れられてない。文中、「S」は曾太郎のことである。

（前略）（旭川の師団から日曜毎に教会に来る名寄出身のS青年に）金成さんは、この堅実な青年へ、幸恵さんと共に老後を頼ろうかというまでに懇意になった。青年も真面目にマツさんを尊敬し、幸恵さんに愛を求めた。然し、幸恵さんの生みの御母さんは、どちらかと云ったら、昔風の素朴な純然たるアイヌ家庭のS青年へ嫁入らすに忍びない（中略）、あはや、自分の結婚問題を通して義理の母上と、生みの母上と正面衝突を来しはせぬか悲しまれて、（中略）幸恵さんは、危くそのピンチをかはすために、一時身をその境から自ら脱したいのがさしあたっての上京の動機だった。そのことをば、よく私に嘆かれた。どうしたら一等よいのでしょうと。S青年へのあなたの関心の程度は？　と聞いたら、「純然たるそのアイヌ家庭へ入って舅姑に仕へることを考へると、病身の私に迚も満足なことが出来ないのみか、却ってお互いの不幸と思います故、私は到底だめと思いますけれども、その心配いらないとSが云いますし、その熱心に私の心も動かされて、私自身の本心にもかなりの愛著が感じられてゐます」と　キッパリ云って、「すべて神様の御旨のままに、如何様にでも」と泣き濡れてゐた。

日記にはこのS青年は、さすがにS子とカムフラージされて出て来る。（後略）

ここには、若い二人の動きが描かれている。幸恵は一再ならず、心情を金田一に話しているようだ。最後の行の「S子」が出てくる日記は、大正一一年「六月二十二日」であった。

S子さんからの長いお手紙、ひらくと、ぱたりと落ちたのは二円のお銭。
あの方の愛は純粋なのだ。私の愛はにごってゐる。おお御免なさい。私はあなたの為に生きます。お銭など送って下さらなくてもいいのに……。午後お母様からのお手紙、真子と富子からの手紙。（後略）

手紙の発・受のこの日の受信欄には、「名寄から　一」とある。
こんな日記もある。

七月二十二日
六月の二十七日に出した手紙の返事がやっと七月の二十二日に手に入った。鉛筆の走り書で書いてあることも、私の聞きたいと思ふことは何も書いてゐない。そして浮っ調子なやうにもとれる。然し、やはり何処かに愛のひらめき見えるのは嬉しい事である。

大正一一年の東京と名寄は、恋する二人には遠い距離だった。「浮っ調子」、「愛のひらめき」——ちょっとした微風にも一喜一憂する幸恵の心が痛い。

遠まわりしたが、曾太郎に送られて名寄を離れるとき、幸恵は仲のよかった伊藤元子のところに立ち寄っていたのだ。だが会えなかった。さきほどのカタカナの葉書の後半。

(前掲の続き)東京ハ、マルデ　此ノ八月一パイ、二、三度、スコシ雨ガ　フッタバカリデ、マイニチ　ヤケルヨウナ　アツサ　ナノデス。東京デモ、メッタニナイ　アツサダ　ト　ミンナ　ガコボシテ　ヲリマス。私モ、モスコシデ、ヤケシンデ　シマウカ　ト　オモイマシタ。モウ、ソロソロスズシクナリマセウ。ホントニ、センダッテ、オタズネ　シタトキ　貴女ハ　タイヘンゴ病気ガ　ワルクテ、トウトウ　アワレマセンデシタネ。マッタク、ザンネンデシタ。私ハ　コトシノ　ウチニ、ジブンノ、コタンヘ　カヘリマス。マタライネン　アタリ、アガリマスカラ、ヨロシクネガイマス。コンナモノデモ、ドウカ、トモダチ　ニ　シテ、キョウダイ　ノ　ヨウニナカヨク　シテ　下サイネ。オ父サマヤ　オ母サマヤ　ヒロチャンニ、ヨロシク。マタオ手紙下サイマセ。(Y15)

発信簿を見ると幸恵は、元子の母親の伊藤アリモン（曾太郎の母の妹）にも便りをしている。マツともども伊藤家と親しかった幸恵が見える。

このカタカナ葉書は、「此ノ八月一パイ、二、三度、スコシ雨ガ　フッタバカリデ」と過去形があるところから、八月末か九月初めのもの。死の半月ほど前のものだ。

文中の「センダッテ」は仮祝言の後、名寄を離れる、雪のある三月末か四月初めのこと。真志保の先の手紙の、村井から「五十銭」もらった「この間」と一致する。四、五カ月も前を「センダッテ」と懐かしむ言い方に、私は、彼女の切ない望郷があるような気がする。「コトシノウチニ」帰る「ジブンノコタン」とは登別のこと、そして来年は（曾太郎のいる）名寄に「アガリマスカラ」「キョウダイノヨウニ」仲良くしてほしい、など体調が崩れ、気力が弱ってるなかでの、せいいっぱいの帰心が感じられる。

もうこの頃になると、発信・受信簿に記録がないので、「御夕ヨリ有難ウゴザイマタ」といってる元子からの手紙がいつきたのかはわからない。

元子あて幸恵のカタカナ葉書は、実はもう一枚ある。ほとんど同文であるが、書き出し冒頭に呼びかけの名前がない。

文字のトーン、インクの色は同じである。

二枚を並べてみても、なぜどっちかを書き直したのか、わからない。

「仮祝言」のことで、私の思っていることをやっぱり書いておこう。

この大事が誰によってすすめられたかはいま誰も知らない。

が、こんな大事を母のナミがまったく知らなかったろうか。

知里シゲさんが聞いた、「(幸恵が)こんなに早く死ぬんだったら、むごいこといわないで、ちゃんと一緒にさせてやればよかった、かわいそうなことした」と、いうマツとナミの会話は、うめきのようにも聞こえる。私はときどき、このうめきを考えることがある。

反対してはいたがナミは、「二人をこうしてやりたい……」という、姉・マツの考えに、最後は黙って従ったのでは──。

それは、流し台の前の冷たい板の間で、涙を流して泣いていた幸恵が、しょんぼり寝たあと、姉妹二人だけになったときではなかったか。

ひょっとすると当の幸恵も、そのことに気がついていて仮祝言にのぞんだのでは──。巻末「A2」(資料3)をみていただきたい。

69P

1　親にそむきし　そのむくひ

2　月なき夜のくらやみに

3　月木土神はろかに

4　土の魔神と共に泣け
5　涙の限り泣けよとぞ
6　我大父は仰せける

14 『炉辺叢書』

金田一が幸恵から送られてきた「アイヌ語筆記」の初めてのノートをみて、「立派な出来」にびっくりしたのは大正一〇年四月二四日だった（12節）。それを読むのに約ひと月かかったことを、彼は五月二〇日の便りにこう書いている。

其の後ハ〇〇〇御無沙汰致しました。家内にお産があったり、故郷の母が病んで見舞いに帰郷したり、ごたごたの中に一月半を送りました。さてウエペケレ集一通りハ通覧致しました。こんな立派にしおはせる人があらうとは夢にも思ひがけませんでした。これならこのまま後世へのこして結構な大したお仕事です。どんなに御面倒だったでせう。私は全紙にページづけを施して巻首に目次を作って居ります。で、Omne pashk ur ine ?といふのハ、あれハ utashkarとハ又別物で、何とか名称があるんでせうね。何といふものでせう。和語では「口遊び」と申しております。それからKimun menus repu menokoはワリウネクルの物語のやうですが、それはOinaですかKamui yukaraの方ですか。（K 12）

金田一が読むのにひと月かかったのは彼の家の事情による。文中の「お産」は、四月二二日の四女・若葉の誕生、そしてこの前後から妻の静枝の病気、そこに故郷・盛岡の母の重篤。そういうことを彼は「ごたごた」と言っているが、その上、数カ月前には、同居していた弟・他人の自殺、過ぎた年末には精神的・経済的後援者の伯父・勝定の死などがあって、彼は、精神的に疲れていた。そういうなかでの幸恵ノートは、昨年暮れの「此の砂は赤い赤い」に続いて、彼の慰めになったのでは——。

現在、幸恵ノートは北海道道立図書館にあるが、私が初めてそれをみたのは、昭和四七年(一九七二)、東京・杉並の金田一京助の書庫であった。(1節)

四月二四日のノートはそのなかにあった。

各ページ、左三分の二にアイヌ語、右三分の一に和訳があり、きゅうくつに見える。「もっともっと帳面をぜいたくに」(12節K11)は、このきゅうくつを指してのアドヴァイスと思われる。

はじめに「悪い神の歌」のシノッチャ(所作をしながら遊ぶときの歌)。頭に数行のこんなプロローグがある。

大昔、悪魔がオイナカムイを試みるために、両頭の鱒にバけてオイナカムイが作ったウライ(魚をとる仕掛)にはいってゐました。けれどもオイナカムイは悧巧ですから、歌をうたって其の鱒をすてて悪魔の心を外へそらしましたから、それからは、何の悪魔も悪戯をしなくなりました。

この後に、「Ne Shinotcha」（其の歌）と段落して本文が5ページまで。最後の注のフチ（祖母）とはもちろんモナシノウクのこと。

これはフチがよく歌って聞かせてくれますが、大変その節廻しが複雑で私等には中々真似できません。私は今けいこをしてゐます。

傍点のところに「お婆ちゃんっ子」幸恵がいる。これは、どうみてもありきたり、通りいっぺんの注ではない。やっぱり金田一への短信だ。肉声が聞こえるようだ。

金田一が覚えているのは三年前、女学校二年の幸恵だ。「近文の一夜」以来、会っていない。「中々真似できない節廻し」を「けいこしている」幸恵の顔を、彼はどう思い浮かべたろうか。

予想以上の筆力に驚いた彼は、この会話的短信を読みながら、数カ月来、身のまわりに起きた「ごたごた」の疲れが癒されたであろう――。

ノートのこのシノッチャに続いて、金田一が葉書で聞いている「Onne Pashkur ine ?」（年寄り烏は何うした？）が2ページある。これの注が次。

これは、よく私どもの小さい時分に問答したものです。出来るだけ口早に問ふものも答へる者も、まごつかないやうに気をつけていふのです。そして間違った者はひどい目にあはされます。

これも会話だ。

金田一が冒頭の葉書で、これは、どんなジャンルにはいるのか、と聞いたのに、彼女がどう応えたかわからない。

この注の「小さい時分」と書くとき彼女は、登別の浜で知里シゲさんたちと遊んだ幼ない頃（4節）を頭に描いたであろう。

幸恵のアイヌ世界がみえるようである。

ところでこの「Onne pashkur ine ?」は、実は、旭川郷土博物館蔵の『故知里幸恵嬢遺稿』の三編中の一つに収められていた。

12節で書いたように、『——遺稿』を彼女が金田一に一度送っていたとすれば、彼はそのとき見ていたわけであるが、葉書ではそのことに触れていない。これがどのジャンルになるか、と聞いたのは、ずうっとひっかかっていたからか。

「小さい時分」を思い出すものに、ノートのもう少し先の「なぞなぞ」がある。六四並んでいる。「六つの村をこえて妻のもとへゆくもの」ナーニ、「雀」。「行っても行ってものびるもの」ナーニ、「荷縄」。「海の底を大きな目でにらんでるもの」ナーニ、「網」。「細いうねを走るもの」ナーニ、「戸」。「足も無いけれど海の上を彼方へゆき此方へ来たりするもの」ナーニ、「舟」などなど、というように。

一見、たあいない問答であるが、ひとつの遊びにあきた子供たちが、別の遊びに興を移しながら、アイヌの生活の日々をいつのまにか身につけていく様子が、このノートのなかにある。アイヌの世界の伝承のしぜんの形が教えられる。

また、七代前からの先祖の名前を記したページがある。「先祖の翁の名は……」と、七代が並び唱えられ、注にはこうある。

自分の先祖の代々の名を並べて、その徳をあげます。(これは私の先祖の事ださうです)。これは初対面の人に挨拶する時とか　カムイノミをする時とかに男がいふのださうです。

幸恵はこれを、モナシノウクかマツから聞いたものだろう。とすると、マツは、金田一に手紙で書いた、「私も日高のエカシから生れており」(12節)という次第も幸恵に語って聞かせたのではないか。金田一資料のなかに、マツかナミから聞き書きしたのでは、と思われる系譜メモがあるが、彼はワカルパから聞いた話(「盲詩人」12節)のウラを探していたのかもしれない。私は、「盲詩人」のワカルパ家系図に、幸恵の語る先祖名をかぶせてみたが、該当する者はいなかった。

ノートと金田一の葉書を合わせると、彼が幸恵の「注」＝短信を、いかに大事にあつかっていたかがわかる。

それは——、

ノートの五番目に、一二行の短いユカラ「Erum yayeyukar」（鼠が自分のことを語る）があるが、内容は、「私は粉つきをした。鍋に水をいれて火にかけた。煮立ったので食べた。外にでてウンチをして、オシッコをした」（道教委「口承文芸シリーズI」萩中美枝訳）というもの。彼女のこれの注には羞らいがある。

> こんなやうな何といひませう。野卑ですせうか。なんだかキタナイやうな事を言ったものはたく山ありますけれども、私は何だか知ら気おくれがして、こんな事を書くのが嫌なので御座います。で、なるべくさういふキタナイやうなのを書かないやうにしたいのですけれど、どうも、そんないい事ばかりのが少ないので、何でも思ひついたものを書いてゐます。

彼は、これを読み返し、「ウンコ」「シッコ」の下りを気にする注を書く幸恵がいじらしくなったのか、冒頭の五月二〇日の葉書から一〇日後の、五月二九日、こう便りをする。

> （其四）この一冊の集でも、あなたの筆によって如何に同族の内面文化の美しい魂が世に紹介されるか、本当に此は貴重な貴重な収穫です。うんこやしっこや、それどころでなく、もっと所謂

尾籠な所まで行っても決して決して恥ずべきことでハないのです。なぜなら標準を低くこの世俗の生活（注・虚的虚礼？　と書いて消去）の水平線へ置いて見る時にこそ、さういふことが、どうのかうのとなるのですけれど、ずっとずっと高い所から見て御覧なさい、みんな厳粛な事実なのです。学問上から見ると、皆、無差別に等しく尊い事実なのです。少し突っ込んで民族文化を志らべると――今さういふ学問が盛に起りかけて来たのです――何国にもある事で、その天真な土俗の中に本当の真相が□露してゐるので、取りつくろったうはべの記事ハ値打ちが無です。この不用意な素朴な民間の諺だの伝説だのの尊い所以ハそこにあるのですから、ちっとも臆せず祖先を信じ、且、愛してそのままを御書きなさい。（K13）

この葉書には（其四）とある。少なくとも四枚組だったのだろう。長い便りだ。ほかのがあれば、ノートに対して彼がどんな感想なり意見を述べたかがもっと分るのだが残念だ。

ノートを書きながら、幸恵には、新しい自分の世界が開けたのでは――。

もの心ついてからこのときまで、彼女は、いつも和人から、同級生から冷たい視線でみられていた。安らぎがなかった。それが、こういう会話風短信を書いているとき、彼女は自分の世界に没入できたに違いない。

幸せな時間の発見だった。

彼女は、その会話のすみずみまでをていねいに読んで励ましてくれる金田一の葉書を嬉しく読んだであろう。

こうしてノートをはさんでの《会話》は、幸恵のなかに、金田一への信頼感を醸しだしたろう。そしてその信頼感は、上京をきめるときの澪《みお》になったのでは――。

このノートの一部は、北海道教育委員会が『アイヌ民俗文化財調査報告書（口承文芸シリーズI）――知里幸恵ノート』（萩中美枝訳・昭和五七年）、北道邦彦『ノート版　アイヌ神謡集　知里幸恵著』（二〇〇〇年・江南堂）でみることができる。

この後、二回目のノートが金田一に送られる九月まで二人には数通の手紙のやりとりがある。並べてみると、六月一七日、幸恵は、「先生引つづき御美しい御はがきいただきまして本当に嬉しう御座いました。深く御礼申上げます」（Y8）と書いているが、「引きつづき」とは、金田一からの、ノートをみての驚きと激励の、一〇日あまりの間のあの二通をさしてるのだろうか。それともあれから二〇日ほどたつが、何通かきているのか。

この後に、同じ八月七日付け、組になる二通の葉書がある。

初めのほうには、「大層おあつくなりました。この夏は不幸やいろいろの雑用が重なり」（K14）とある。これは、重篤だった母・ヤスが五八歳で六月一六日死、それから友人・啄木の歌碑建立で七月一五日、土岐善麿との盛岡行などを言ってるのだろう。

そのため、「一つ今年こそは御地へぜひ寄って、あなたを東京へひっぱって来たいと思ってゐたんでしたけれども」、「行けないので残念です」と、言っている。ノートの出来栄えを見た彼は、直接、上京を誘いたくなったのだろう。「ウエペケレ集今少しの間御貸しを願ひます」とある。ノートは見た後、返送するつもりだったようだ。そして、「Kutune Shirkaを訳出、連載しているアララギ(短歌誌)三冊御送りします」が、「校正が不正確、誤植が多く、不本意」、だが、「途中で中止できないで、毎号続けている」となげいている。

ここから二枚目。「御母様やフチのKutune Shirkaを記録したら私の異同が正されて面白い」(K15)のだが、とある。

「Kutune Shirka」は、金田一が、「アイヌのホメロス」、ワカルパ(12節)から採録した英雄物語=ユーカラで「虎杖丸の曲」と和訳されているが、金田一には心残りな宿題だった。それは、ワカルパが生前、「このユーカラは六回戦の物語だが、私の覚えているのは四回戦まで、平取のヌッキベツのツナレ翁は最後まで知っている」と、言っていた。この葉書の頃は、ツナレから残りの二回戦を聞く宿題を果たしていなった。

それが気になっていて、モナシノウク、マツの家系が、ワカルパの祖系からの岐れであれば、もしや、宿題の一部がわかるでは——金田一の「今年こそ御地へ……」の内心には、そんなこともあったかもしれない。

二回目のノートが彼のもとに送られたのは、大正一〇年九月だった。このときにも二三日の消印ある二枚の葉書が幸恵に届いている。

アイヌ伝説集其二、及其三正に拝見、御上達の速やかなることに、かつは驚きかつは喜び一気におしまひまで読んで見ました。アイヌ語をローマ字で書くといふことハ、さまで困難でハないのですか。むつかしいのハ、その切り目つなぎ目です。従来の人ハ、皆ただバチラー先生の切り方に従ふより仕方がなかったのですが、今あなたの独創的に始められた書き方ハ、私共種族外のものに取って非常に大きな参考となるのです。其二、其三になるともう大抵切り方がおのずと一定して来ましたね。思うがままに書いて下さい。種族以外の人の書き方に顧慮せずに。（K16）

ここにも「お婆ちゃんっ子」幸恵がみえる。

「バチラー先生の切り方…云々」という、言い方を金田一は前にも幸恵にあてて書いていたが（12節・K10）、彼は重ねて、「上達の速やか」なことに感激、金田一は興奮している。

組になるもう一枚。

私はあらゆる人々に向かって、あなたのこの美しいけだかい企図と努力と、立派なこの成績とを誇ってゐます。ぜひ版にしてあげたいと思ひます。大したことは出来ないのですが、ごく篤学な新進の青年学者たちの土俗研究の発表機関として炉辺叢書といふものが発□されてゐます。その中へ、あなたのこの蒐集を一冊に編纂して加えたいと思って居ります。私ハ今からさうした暁の、世への驚異を想像してひとり微笑を禁じ得ません。(後略)(K17)

二枚の葉書を読みながら幸恵は、「たとえ人に笑はれやうが、けなされやうが自分の才能のすべてを発揮する事は尊い」と、励ましてくれた本間重先生の手紙(資料7)を浮かべたかもしれない。

ここにきて、幸恵の『アイヌ神謡集』が一冊に加えられる『炉辺叢書』の名が初めて見える。このときまで送ったノートの其一、其二、其三がそのまま『アイヌ神謡集』になったのではない。が、考えてみれば、この叢書に繋がらなければ『アイヌ神謡集』は、ああいう形にならなかったろう。とすればこの叢書は知里幸恵にとって、「近文の一夜」の金田一京助の出会いと並んで大きな意味をもつことになる。

幸恵は、思いがけず、「あなたの蒐集を一冊に」という便りをみてびっくりする。夢にも考えたことのないことだから。それで、マツにも相談し、遠慮しながら、「間違いがあるだろうから、間違いは先生の手で直していただきたい」、また、「推敲したい」と手紙をだしたのでは――。

そのとき、後で触れる『ウタリグス』も送る。次は、そんな幸恵の便りのあったことを暗示する金田一の返事。大正「10・10・17」の押印がある。

御手紙拝見しました。御言葉ハ、一々御尤です。ただし私たちに取っては、よしんばあなたのあやまりがあったとしても、そのあやまりが又、参考になるので、やっぱり□□にない事実なのですから、あなたが心配なさるなどの事でハないんです。

その位ですから、なまなか私の筆などで直さない方が後世まで、いい参考資料をのこす事になるのです。志かし、御言葉に従って、万事何でも御気の向くやうに取あつかひますから、御安心下さい。

「ウタリグス」どうもありがとう。（K18）

文中、「あやまりが又、参考になる」とは、悲しく冷めた学者の性ではある。

「ウタリグス」についいては次節に送る。

ここでまわり道、『炉辺叢書』をみておく。日本民俗学の生みの親ともいわれる柳田国男により生み出されたものだ。

柳田は明治八年（一八七五）兵庫県生、明治三三年（26歳）東大卒後、農商務省勤務、以後法制局、宮内省、貴族院の高官というエリート官僚の道を順調に歩んだ後、朝日新聞社客員、昭和三七年（一九六二）、八八歳で死。

柳田の生涯をみるとき、彼の人脈つくりの巧みさに目がひかれる。その人脈が、彼のカリスマ性をいっそう高めている。

明治三七(一九〇四)年頃、自分が勧進元のサロンをつくり、批評や情報交換の例会をしている。会場の東京麻生の龍土軒に因んで『龍土会』という。竹林無想庵、田山花袋、島崎藤村、正宗白鳥、国木田独歩、巌谷小波ら絢爛たる顔ぶれだ。

明治三七年といえば折りから日露戦争——法制局勤務の柳田の、例えば旅順総攻撃などの情報は、ふつうには知り得ぬものだったから、集まるものから面白がられた。やがて会が大きくなりすぎて縮小、イプセン中心のヨーロッパ文学の研究をテーマの『イプセン会』に改組する。

その過程で明治四〇年二月、柳田は新渡戸稲造の講演、「地方の研究」を聞き感銘を受ける。法制局参事官として全国の農村を歩き、民間伝承に関心をもっていたからである。これを機に二人は明治四三年一二月、新渡戸宅で柳田が幹事で「郷土会」をつくる。「郷土研究会」とも呼ばれた。会には柳田と同年で農商務省勤務の石黒忠篤も加わっている。

この会は、日本民俗学界の草分けということができるが、自分の思い通りの度重なるサロンの衣替え毎に、柳田の人脈は広がりと厚みを増す。

後に柳田の片腕になる岡村千秋もそのひとりだ。岡村は、明治四〇年一一月の『イプセン会』の例会に、正宗白鳥が「後輩を紹介する」と同道したのがきっかけ。岡村はやがて柳田の姪と結婚、『炉辺叢書』の編集を手伝うことになる。

大正二年、柳田は「郷土研究社」を立ち上げて、若手研究者、柳田ファミリーが結集することになる民俗研究誌『郷土研究』を刊行する。

金田一が柳田と出会うのはこの頃だった。柳田はなにかと金田一に目をかけ、金田一は『郷土研究』の編集委員もしている。

日本民俗（族）学界では柳田と並ぶ双璧の一人、渋沢敬三（一八九八〜一九六三）が柳田と出会うのもこの前後。二人は二〇歳近い年齢差があるが、若い渋沢は、民俗学者としての自分があるのは、「柳田先生とか石黒（忠篤）先生というような方々からの御教示を受けたこと」（『犬歩当棒録』）と敬している。個性的な柳田のまわりでは離合集散があるが、渋沢は、終生、絶妙なバランスで接していた。

柳田は、『炉辺叢書』刊行を『故郷七十年』で次のように振り返っている。

（前略）今まで本を書くなんていふことは夢にも思はなかった人達が、それでは自分も書いて見ようかといふ気持ちになり、各地に謙遜な態度で自分の知ってゐることだけ書いて見ようかといふ考へを持つ人を作ったことはこの叢書のおかげであった。この人達が今日の民俗学界の基礎になったのである。琉球のことなどが少しでも日本人の関心に上ったのも、東北地方などの生活が、調べる値打ちのあることだと認められたのも、この叢書によってであった。（後略）

叢書の企画には金田一も相談にあずかっていたが、大正「10・9・23」の葉書（K17）のように、「あなた（幸恵）の蒐集を一冊に加える」ことは彼一存ではできない。

根回しが必要だった。

順序として柳田の側近で、郷土研究社や炉辺叢書の実務を切り盛りしている岡村千秋と相談したはず——。柳田はこの年、七月から国際聯盟総会出席でヨーロッパ出張、日本にいなかった。年譜をみると、帰国は一二月八日。年末、年始、柳田は各方面へ帰国報告で多忙。郷土研究関係者とゆっくり会うのは翌年一月末からだった。

柳田が、岡村や金田一から知里幸恵のことを耳にしたのは、したがって大正一一年が明けてからで、ＯＫサインもその頃。

こうして、幸恵の一冊が《形》に向かうことになる。金田一は、「故知里幸恵さんの追憶」で次のように言っている。

（前略）柳田国男さんへお話して、その炉辺叢書の中の一つに加えて、まず最初にアイヌ神謡集、その次にアイヌ俚談集というふうに決めて、いよいよその第一集の神謡集の原稿をまとめて私の手元へよこされたのは、十一年の三月頃でした。（後略）

『アイヌ神謡集』、『アイヌ俚談集』とタイトルまで金田一と柳田の間で話題になったようだが、編集には、越えなければならないひと山ふた山があった。

15 『ウタリグス』

前節で宿題にした『ウタリグス』（Utar ne kus 同胞だから）を紹介する。

これは雑誌の名前である。バチラーが団長のアイヌ伝道団の機関誌だ。

大正九年一二月クリスマスに創刊。事務所は札幌の聖公会（札幌区北3西7・北大植物園前）にあり、バチラーの寄付金と頒布収入により月刊予定で発行され、活字印刷だった。経済的に苦しくなってから不定期、謄写印刷となる。大正末〜昭和初期まで続けられたらしい。

この存在が知られるようになったのはここ二十数年ほどのこと。アイヌ史にはこのように関心が向けられない部分がまだあるようだ。

私がこの雑誌を知ったのは、金田一宛て、大正一〇年六月一七日の幸恵の葉書であった。文中に、「あのウタリグスを多大の興味と御同情とを以て御読み下されましてほんとうに有難う御座います」とあることから、金田一は、幸恵から送られたウタリグスの読後感を送っていることがわかる。


（前略）（ウタリグスは）先生が御読みになります分は、これから私が毎月よろこんでお送り申上げます。昨年の拾二月から出たのですが、十二月一月のはもう売切れまして札幌にもありませんそうで、二月は何かの都合で休刊になりました。三月号と四月号だけございますから、今日お送り申し上げます。これは各地の小学校教員や官吏の方や有珠ではお寺の坊さんまでが読んで下さいますさうです。此處でも隣の先生方と部落の四五のアイヌが読んで居ります。十五冊来るのですが、耶蘇嫌ひの人が多いものですから買う人が少くていつも餘りが出来るので御座います。片平さんは山雄さんの弟で親戚の家を継いだので姓が違うのださうです。まだ二十一位の若い人で御座います。これから此の誌上にいろいろな人が出て来るだらうと思ひます。フチも母も先生によろしく申して御座います。（Y8）

雑誌の創刊と、発行状況がわかってありがたい内容だ。

『ウタリグス』のことは、近文の人たちの記憶になかった。古くからの研究者に聞いても、忘れていたのか「知らない」と言われた。道内あちこちの図書館にもなかった。ところが、昭和四七年一月、親しくしていた、胆振の鵡川町の辺泥《べて》和郎《わろう》氏から見せてもらうことができた。

この人の父君・五郎氏は、マツやナミと前後して函館のバチラーの伝道学校に学び、鵡川で教会を開いた人。そんな関係でこの雑誌を持っていたのだ。

全巻はそろってなかった。飛びとびに四冊あった。

1巻5号（大10・5・20）、7号（10・9・29）、8号（大10・12・10）、以上は活字印刷、もう一冊は5巻4号（大14・4・1）で謄写版印刷。

活字印刷分の表紙はぜんぶ、緑色の地にアイヌ模様があしらわれていた。編輯・発行人はバチラー・八重子の甥の片平富次郎、謄写版印刷になってからは叔父の向井山雄に交替している。

幸恵が葉書でいっている、「片平さんは山雄さんの弟」は、この片平富次郎のことで、「山雄さんの弟」でなく甥である。

各号、冒頭掲載の、「アイヌ伝道団のための祈祷」には、「アイヌ出身の伝道者の結束と研修と親睦」と目的がうたわれており、「此祈祷ヲ常ニ用ユルコトヲ希望ス」とある。

辺泥氏は、「発行部数は分からないが、ウタリのなかでこれを購読していたものは少ない。字を読めないものが多いのだから。父は何冊かまとめ買いして理解ありそうな和人にやったりしていた」と、話していた。

この話は、マツのところには毎号、「拾五冊くるのですが」、「各地の小学校教員、官吏の方や、有珠の坊さん、近文でも隣の先生(佐々木長左衛門)と部落の四、五名のアイヌ人」くらいが読者、と言う幸恵の葉書と一致する。

バチラーの弟子たちは、『ウタリグス』の拡張？　に苦労していたようだ。

葉書には、「邪蘇嫌いの人が多いものだから、買う人が少なく、いつも余って」と、珍しく幸恵はコタンの空気を書いている。

買う人が少なかったので、近文の人たちにこの雑誌の記憶がなかったのだろう。

近文の人たちの邪蘇嫌い、といえば、近文コタンで、「私達の仕事（教会の伝道活動）が理解されるのは十年も後の事」と、話していた新聞記者との会話や、また、子供たちが「熊まつり」の遊びで「ヤッソー」「ヤッソー」（7節）と囃し叫んだ空気を思いだす。

幸恵が金田一の「読む分」の『ウタリグス』を、「今日お送り申し上げ」たのは、文脈から「三月号と四月号」の次、大正一〇年五月発行の1巻5号だったようだ。5号の目次をみる。

◎巻頭口絵「殿《みや》に在るイエス」に続いて◎アイヌ伝導団のための祈祷、皇太子殿下の御為に（注・皇太子裕仁の渡欧の旅路の安全を祈っている）◎忍耐あれ　バチラー博士（注・マルクスを引用し、キリスト教との違いを説く大正デモクラシーと第一次世界大戦後の世相を意識したものか）ほかに◎不安定生活から統一へ　向井山雄◎労働問題とキリスト主義　片平富次郎◎アイヌ減少の医学的考察及注意　医学博士岩根正男◎青年と学問　江賀寅三◎アイヌ語学＝ペナンペとパナンペ等々。

「アイヌ語学部」なるページは、バチラーの筆になるもので、ユーカラ、ウエペケレ（昔話）などをアイヌ語でローマ字表記し、それにカタカナをつけ、和訳を対照させている。彼のアイヌ語、アイヌ文化に対する思い込みが感じられる。彼はこの年、六七歳だった

各号の執筆者は、ここにあげられたほか、バチラー・八重子が加わってほぼ固定している。

幸恵はその後、九月発行の「7号」、一二月発行の「8号」を約束通りに送っている。金田一の書庫にあった。

14節の「ウタリグスありがとう」（K18）は7号受領、次の8号（大10・12・10）は一二月二一日付けの葉書で受けている。

只今御葉書とウタリグス最近号とを嬉しく拝受致しました。部落にどんなことが起こったのかは存じませんけれど御母さんの「近文だより」にこもる慈愛のなさけとなみだに私は讃嘆の声を惜しむことができません。この深い愛とまことは必ず部落の人々の心に徹しずにはゐますまい。御母さんの御心に篤い御同情を感じると共にその御いとなみに心より敬意を捧げます。（後略）（K19）

この号には、「近文だより」のほかに注目しておきたい一文が載っている。

八重子の甥の片平野風（富次郎の号）の「本誌創刊の一週《(周)》年を迎えて」だ。それには、「前号に自分の書いた事で、内務省警保局から注意を受けた」とある。治安当局からマークされていたのだ。片平はこれに対してこう応じている。「而し己に顧りみて悪いとは一つも思はない。嘘を書いたのでもなければ所謂危険思想を播かふとしたのでもない。真の我国を愛するから正直に悪いと思ふ点を失礼にならない定度《(程)》まで書いたに過ぎない」と。

因みに前号の7号には冒頭に「社会の不安は宗教問題の解決により消失する」と題し、彼は、「近頃の人間が口を揃へて、現時の社会事情は、確に舵を失つた船の様だと云ふ」と書き初め、現代の不安の根源は、「労働問題か、婦人問題か、社会主義運動か、普選問題か」と、意見を述べていた。片平、二一歳の抵抗だった。

編集人が向井山雄に交替したのは、これが因、と辺泥氏が語っていた。

この8号には、金田一が、「部落にどんなことが起ったか……」と関心を寄せた、マツの「近文便り」が載っている。

三ページにわたり、冒頭には、キリスト者らしい神への祈りがある。次に自分の近況を、神の「お恵みの許に少《（小）》さいながらも、日曜学校を開いて居りますが、或時は多勢、或時は少勢と云ふ様な状態です。尚大人の信者も四、五名御座いますが、何れも神の聖語を喜んで聞いて居ります」と、伝えている。

幸恵の葉書の、『ウタリグス』の購読者は四、五人と符合する。これが、マツの教会の信者？のレギュラーメンバーだったのだろう。近文コタンの戸数・人口は六〇戸、約三〇〇人あまり、マツがここで布教を初めて一三年たった大正一〇年、この数字を、バチラーはどう評価したか、興味のあるところだ。

近況のあとに、ふだんは、あまり感情をあらわにすることは少なかったマツが、強く憤って書いてるところがある。

（前略）今尚思ひ出すも憤慨に絶えませんが、当部落の若い婦人達が悪しき行為があつたとて、遂ひ警察の手に挙られました。私、初め当部落民三百の人々は誰一人驚かない者は無かつたでせふ。其後の諸新聞紙上に掲載された、罪悪の数々読むだに嫌しき記事に依って、世間一般に照会されたのであります。当時の私は腹が立つやら恥しいやらとても、言葉にも筆にも示わす事が出来ません程で、（中略）彼の新聞の記事全部は事実ではありません。其の十分の七は膨張的な書振りで所謂アイヌの悪事を思ふ存分、世間に発表してやれと云はぬばかりの…。（後略）（原文は総ルビ）

マツは、新聞の、どんなことに憤激したのだろうか。

私は旭川市立図書館で、古い新聞をみせてもらった。この年七月から八月にかけて殆ど連日、各新聞が事件を報じていた。なかでも地元紙、『旭川新聞』の見出しは大きな活字で次のようにセンセーショナルだ。

「夷女共謀、区内各商店より三年に亘り、二万円代を盗む。犯人逮捕され、質屋古物商中取締法違反で検挙されん。旭川署各刑事大活躍」。「贓品続々発見され、旭川署に山積みす。既に判明せる物二百口四百点、金額実に一千八百余円に及ぶ。更に四、五名の共犯出ん」。「夷女大窃盗事件、主犯の罪状、事件の調査三人分で驚く勿れ六百枚、厚さ五寸余に達し、既に判明せる共犯者十一名」等々。

これだけでもマツが憤慨するのがわかるが、記事の中身がなお悪い。「生来淫奔性の女で、和人の間に醜聞を流した不良少女」とか、容疑者が、「子供を抱いて、もう俺はお前の母親ではない、こんな母親をお前は持ってる筈がない、と泣き崩れて、思わず其情の濃艶なるに同情せしめた」とある。これを書いた記者はもう故人になっているだろうが、こんな見出しもあった。「言語に絶する部落の風紀紊乱。某官庁の吏員が毒牙揮いし驚くべき事実。日曜毎には兵隊さんの色漁り」。これについては、「他日報道の機あるべく」とあったが、その続報は、私の見たかぎりにはなかった。検挙されたなかには、幸恵と同年の女性もいた。豊栄小学校で机を並べた友人だったかもしれない。

この記事の載ってる新聞を幸恵は、金田一に送るノートを筆録しながらみたであろう。彼女はこの新聞を前にして、何を思ったろうか——。

この文章は、マツの生涯のなかで、活字になるのを前提に書いた唯一のものではないかと思われる。貴重なので全文を巻末に紹介する（資料12）。

この大正一〇年後半には、この年発表された「赤とんぼ」が流行するが、幸恵はこの歌を好んでいた。松井マテアルさんは、教会でオルガンをひく幸恵からこの歌を教わり、「私の記念です」と言っていた。また荒井源次郎夫人ミチさんは、やはりオルガンの側で、「きれいな声で歌う幸恵さんの荒城の月が忘れられない」と、いっていた。

コタンには「近文便り」でマツが憤慨するようなことがあったけれど、モナシノウクやマツから聞いて、ユカラやウエペケレなどアイヌ口承文学の筆録に精を出していた幸恵は、この時期、短い生涯のなかで、いちばん充実、幸せな季節であった、と私は思う。

しかし、大正一〇年も暮れ近くになると、曽太郎とのことでは、母・ナミの反対が強くなりつつあった。かといって、彼女はそれをきっかけにして、「上京」をまだ考えてはいない。『ウタリグス』8号受領の、一二月二二日の金田一の葉書には、そのことをにおわす片言節句もない。もし、彼女の頭にそのことがあれば、『ウタリグス』を送るとき、なんらか、相談をしたであろうから――。

私に『ウタリグス』を会わせてくれた辺泥和郎氏を感謝をこめて紹介しておく。

明治三九（一九〇六）年生れ。軍隊時代、脱走事件を起こして営倉に入れられたことがあった。大正末、小樽で港湾人夫をしていた頃、アイヌの歌人、違星《いぼし》北斗《ほくと》と、〝アイヌ一貫同志会〟をつくりアイヌの解放運動に身を挺していた。その運動を振り返り、「和人が協力顔に運動に入りこんでくると、そのときから必ず運動は挫折した」という苦い経験を話していた。私は民族問題を考えるとき、いつもこの言葉を頭に浮かべる。

彼は、日本の太平洋戦争敗戦後の第一回の衆議院選挙に立候補、落選。

幸恵の写真が載っている『アイヌ神謡集』発行を報じた新聞切り抜きを見ながら、
「この本が出たこと知ったとき嬉しかった。北斗と手を取り合って喜んだ。アイヌでもこれだけの本を書けるのだ、とずいぶん元気づけられた」

これを聞いたら『炉辺叢書』に『アイヌ神謡集』をいれた柳田国男はきっと満足したであろう。
「だけど、悲しいことに、ぜんぶのアイヌがそう思ったわけでない。いまさら、こんなものを書かなくても、という人もいた。バカにされ通して、自分たちアイヌのものは、和人よりなんでもかんでも低い、と思いこんでいたのだから…」

この人も、昭和五七（一九八二）年、七六歳で亡くなった。

16　東京へ――少女の旅

仮祝言後、ひと月、曾太郎と生活をともにした幸恵は名寄から三月末か四月初め、旭川にもどる。そして、（大正一一年）四月九日、両親宛に、「二十八日」頃、登別に帰る、と手紙を書く。この手紙（Y9）には、「ちょうどフチが此の度帰ると云われますからお送りして……」と書いてあり、一見、フチのモナシノウクを送って帰郷するようであるが、実は逆だ。

モナシノウクにしてみたら、孫の幸恵の上京には、孫の父親、娘婿の高吉が反対している、また、曾太郎のことでは娘のナミが反対している――そんなことが心配で、かわいい「お婆ちゃんっ子」の孫を気ずかって、いわばガード役？　を買ってでていたのだ。

幸恵が、東京に向けて登別を出発したのは大正一一年五月一一日、上野着は一三日早朝だった。以来、彼女の数カ月の東京生活には、日記と手紙の発信・受信簿、出納記、それに両親宛ての手紙から近づくことになる。

日記は表紙に『おもひのままに』とあり、六月一日から起こされているが、「出納記」は、「五月十二日、電報一　九十銭、林檎　六十八銭」から、発信・受信簿は「五月十五日　旭川（登別ヨリ転送）」の受信から始まる。これはマツからだ。翌日、「十六日　午後九時　旭川へ」はマツ宛。「十七日午後　登別」への両親宛、「十八日　名寄」への曾太郎宛と続く。以下、多いときは日に四、五通。受信は二日に一通か。

発・受信簿は八月二一日が最後であるが集計すると左のようになる。

幸恵在京中手紙発信・受信簿記録数			
月	発信数	受信数	備　考
5	55	8	15日から
6	35	19	30日
7	15	20	31日
8	24	8	21日まで
計	129	55	98日

出納は、「五月十二日」から「七月二十四日」まではほぼ毎日記入されているが、「八月二日　三十銭　奥様カラ」、「十一日　イト一　二十五銭」、「二十一日　一円　奥様カラ」で空白となる。

ここまでで、彼女の支出は下の通り。

収支差し引くと、彼女は登別を出るとき、旅費別に、およそ一二円を財布にいれていたことになる。途中、「五月二十四日　五円　母様ヨリ」とあるが、この「母様」は受信簿と合わせるとマツからだ。ほかに「先生カラ　五円」が二回、「奥様カラ」が計「一円三十銭」、それに「六月二十二日　二円　名寄」、これは13節に紹介した曾太郎から送られてきたもの。

月別支出一覧（単位：円）		
月	支　出	備　考
5	15.41	12日から
6	7.84	
7	4.55	
8	0.25	11日まで
計	28.05	

出納記の入りに「三銭切手二枚」が、登別の母と北見の木根という人からがある。木根なる人には同日に発信している。なにか頼まれたのかもしれない。

発信にしろ、出納にしろ、こんな数字から八〇年前の一九歳の女性の日々をみていると、携帯電話、キャッシュカードがふつうの現代社会がふしぎになってくる。

私は、もっともっと発・受信簿と出納記を細かく追いかけたい。が、それをしていたのでは、この稿は終らない。

さて一三日東京に着いた幸恵は一七日、両親宛て長文の第一信を小さいペン字で、便箋八枚に書く。

この第一信、東京までの初旅体験記としておもしろい。

まず冒頭一行目に、「愛する御父様と御母様に……。五月一七日御前八時半　幸恵より」、末尾に「午後一時半」とあるから、途中、手は休めたにしても、五時間かけて書いたことになる。

二行目から、

大層御無沙汰致しまし田。フチたちや御両親様は何んなに御心配下すってお待ちかねでいらっしゃいませう。来てから直ぐに書けバいくらでも書けるんでしたけれども、よくばりでもう一二、三日も暮して見たら此方の様子がよくわかって細々とお知らせが出来るかと思ひましてついつい のびのびになりましたが、（後略）（Y10）

と、登別を発ってから一週間たらずなのに、東京までの初旅が、ずいぶんと長かったのを思わせる筆だ。

「フチたち」と複数になっているが、これはモナシノウクと加之二人のこと。幸恵のガード役だったモナシノウクはまだ旭川に戻っていなかった。

幸恵が我が家を後にしたのは、一一日の午後。室蘭から青森までは京城丸。これは貨客船だ。母のナミが室蘭まで送ってきた。幸恵は、自分を見送った母が、帰りは予定通り、「六時の汽車にお乗りになりましたか」と、気づかっている。

(前略)京城丸の後甲板に立って次第々々にはなれてゆく小舟の中のお母様と白いきれをふって別れたその時の心持ハ、何と云っていいでせうか。今思っても涙がこぼれます。カラカラといかりを、まきあげて船が黒い煙をのこして出帆した時、堪らないほど心細くなったんでした。打見やる岸辺の何処かでお母様が見送ってゐて下さるかしら、と思っていくら目をみはってもなんにも見えないし、だんだん遠くなって室蘭の町が船の真後になったり、右手に見えたり左手になったり、グルーッとまわって大黒島とか云う燈台のある島のそばを通った頃は……(後略)(Y10)

女学校のときの、旭川からの母あての手紙にも細やかな望郷心が描かれていたが、この手紙の母への惜別の感傷はいっそう深い。恋人(仮にしろ祝言をあげているのだから夫というべきか)・曾太郎に対する母・ナミとの深い乖離に心が揺れてもいたからで、小舟で遠ざかる母に「白いきれ」をふりながら、幸恵は涙している。

ここのあたりのスケッチは、当時の室蘭の港風景を知ることができてありがたい。

京城丸は岸壁から離れたのではなかった。沖に碇泊、小舟＝ハシケで人や貨物を運んでいたのだ。それに、「室蘭の町が船の真後になったり……」で、出港時の航路が分る。

船中一泊の人模様も生き生きしている。

一二日早朝青森着。

「(室蘭で)はしけに乗る時の様なあぶない事はありませんで、舟から直ぐに梯もあがらず平らな所をあるいて上陸」、「海をへだてた別の島へ」第一歩。そして、「私をここまで送ってくれた京城丸、またこんどは、今日は出かけて明朝は室蘭へ着くであらう。此の船に心しあらば故郷の愛する人たちに私の無事上陸を言伝へて……」と、ここでも慕情をいっそうつのらせている。

船から駅までの印象も捨て難い。「上陸したら足がふらふらして胸の中が、かゆい様な感じ」という言い方が面白い。駅での林檎売り風景も珍しかったようだ。彼女は、東北本線乗り継ぎが何時になるかわからなかったらしい。声かけられた見知らぬ人の親切に用心しながら、駅員に、上野着の時間を聞き「金田一先生に打電」する。

この手紙は、読む両親には、娘の初の長距離冒険旅行記に見えたのでは——。

ここで彼女は、「あんまり林檎が美味しさうなのにのどのかわき」をおぼえ、「六十八銭出して大きな林檎十五」を買い、「六時十五分発」に乗り込む。

このあと、「あそこらの地名は……スッカリ忘れましたが、アイヌ語そっくりのがありました様です。あさむしなども……」と続く。

江戸時代、蝦夷地を記録した和人たちと逆の、アイヌの視線での〝日本〟観察だ。

その意味でも私はこの手紙に大きな意味を思う。

車窓を楽しみながら、「寿司　二十銭、弁当　四十銭」（出納記）を買って車中で食べる。盛岡あたりで、前の席に座った馬喰風の二人連れの男の会話を聞いて、「家の馬ちゃんたちをお大事に」と、気づかう。翌朝、「夜明けを待つ待遠しさ。次は上野ですからお忘れ物のない様にという車掌の言葉」で「傘と風呂敷包と持って」下り支度。田舎からでてきた旅装が髣髴とする。

下車――「あまりキョロ〳〵すれば体裁がよくないし」、「ヒョイと顔をあげる、そこには、ニコ〳〵した金田一先生が立っていらっしゃいました」。四年ぶりの再会、ほっとしたであろう。「優しく、お疲れでせうと云われた時は涙が出る程嬉しう御座いました。手荷物札を渡すと、取扱所へ行って受け取って下さいました。そして人力車の切符二枚買って、私は大威張りで先生と俥に乗る」。「人通りが少なく、大概の家では戸をしめてゐるのです。東京は夜がおそいから朝もおそい」という金田一の話に、東京の生活リズムが、朝の早い知里家と違うのに目をみはる。

本郷区森川町一丁目の金田一宅に着いたのは五時。登別の我が家を出てから四十時間の旅であった。

手紙の後半で、金田一の一家の日常を紹介、また平和博覧会見物に日高からアイヌの一家が二〇日ほど逗留して三ッ日前に帰ったことや、両親が聞きたい、と思っているだろうことも忘れないで続けている。

（前略）家は平屋建の広くない家です。お座敷が一つ、先生の書斎が六畳間、お勝手が一間半に一間半ぐらいで、庭は二間半ぐらいで、こんな広い庭はめったにないのだと云う話です。夜は、私はきくやと云う十七八の盛岡から来た、人のいい女中さんと茶の間に寝るのです。お母様の角巻と、夜被とを着てゐます。今度、先生の書斎に大きな机があって誰も使はないから、これをあなたの机ときめませうと、先生に云はれて、此の手紙も其の机の上で書いているのです。（中略）来てから三冊ばかり本を読みました。それから、夜などちょい〳〵アイヌ語の事を質問されます。（中略）女中さんがいるので家の事は何も手伝う事は無いので、ただアイヌ語の話相手、相談相手と云った様な形です。（中略）電車通りへ出て買物をしました。やっぱり要るもので、だいぶ使いました。今道雄さんからの預り金を別にすると三円くらいしか残ってゐません。お母様からいただいたお銭は、いただいてほんとうによかったのでした。深く御両親様にお礼申上げます。フチからも沢山いただいてありがたう御座いました。私はフチの言った事は一つも忘れないで守りますから決して御心配下さいませぬ様にと、フチにも浜のフチにもお伝えのほど、おねがい申上げます。（後略）（Y10）

文中の「道雄さん」は、何回か前出しているが、信頼していた従兄弟で、幼馴染みのシゲさんの夫になった人。発信、受信簿をみてもこの人とのやりとりは両親、マツについで多い。幸恵の東京生活はこうして始まる。一方、金田一は自分の家に着いてからの幸恵のあらましをこう述べている。

（前略）私の書斎に居てもらって、アイヌ語の先生になってもらうと同時に、私からは英語を教えてあげつつ、お互いに教えつ教わりつして、本当にお互いに心から理解し合って入神の交りをしました。涙を流してアイヌ種族の運命を語り合うことなどが習慣のようになりました。併し、幸恵さんは何時でもその悲しみの嗚咽の下から、感謝の祈りを神様に捧げ捧げされました。（前略）（「故知里幸恵さんの追憶」）

ここは、幸恵が両親に、「（私は先生の）ただアイヌ語の話し相手、相談相手」と、書いているとおりだが、「お互い心から理解し合って入神の交り」と、いうところに後年、弟の知里真志保が不快感をもつ。

真志保は、師弟関係の初めから金田一に微妙な葛藤をもっていた。その一因は、前にも触れたが、真志保は、この「入神」の様子を知りたく、「姉の日記を返してほしい」と願った。が、金田一は、「あれは私がもらったもの」と、応じなかったことにある、と言われている。

一高時代の友人・佐藤正憲は、「知里から日記にかかるそういう話を聞いた。彼は、金田一さんのエッセイの、入神の交り、にこだわっているふうだった」と、話していた。

この話もいまでは真偽を確かめようがない。

ともあれ、金田一のアイヌ語学は、「話相手」の幸恵がいたことで飛躍的に高められたことは間違いない。彼自身そのことを語っている。

（前略）私が十年わからずにいた難問題を幸恵さんに聞くと、袋の中の物を取り出すように、立派に説明してくれる。その頭脳のよさ、語学の天才だったんですが、本当に天が私に遣わしてくれた、天使の様な女性だったんです。（後略）（「心の小道をめぐって」）

金田一は、別のところで「袋の中のものを取り出す」具体例をこう書いている。

（前略）アイヌ語の動詞に複数形があります。ですから私は、十人のアイヌがこうやった、とその複数形を使うと、複数形があって誤りはないはずなのに、いつでも必ずなおされる。（それでそのことを聞くと）幸恵さんは笑っていうのです。

「先生、十人とか二十人とか、はっきり一人じゃない、とわかっているのに、複数形を使うと、馬から落馬したとか、被害を被った、という言い方と同じです。ですから、私は、馬から落ちたとなおし、被害があったというふうになおすのです」といって、その例をいくらでもあげてくれました。そして、ヒマラヤ山中に住んでいる二、三の種族などもそうだが、アイヌ語もそうだったのか、とすっかり感服したものです。（後略）（『私の歩いて来た道』）

このような、文法にかかわる会話が幸恵にも面白かったようだ。両親あての手紙の後半にこんなところがある。

（前略）（先生はアイヌ語を）すっかり覚えてゐて学問的に質問するんですから、おかげで私は今まで考えた事もない事を考えて見たり、難しい文法などを知る事が出来ます。（中略）昨夜は、学校で習はなかった文典（動詞だの名詞だの第一人称だの第二人称だの属格だのということ）を教わりました。これからまたアイヌ語を懸命に書かねばなりません。（後略）（Y10）

ところで私は、手紙のいま引用の、「これからまたアイヌ語を懸命に書かねばなりません」とは、なにをいってるのだろうか、とそこで目が止まった。

ひょっとしてこれは気になっていた、『アイヌ神謡集』の原稿ではないか。私は、『アイヌ神謡集』のノート原稿は一朝にしてできるものでない、あれは、いつできたのだろうか、『アイヌ神謡集』をみるたびにそれを思っていたから――。

これは、13節で触れた、神謡集の「序」の日付けが、なぜ「大正十一年三月一日」なのかのふしぎにかかわってくることだと思うのだが——。

ここで『アイヌ神謡集』までの幸恵の経過をおさらいしておく。金田一が幸恵にノートを送ったのは大正九年六月、幸恵がそれに「アイヌ語筆記」をして返送したのが、翌年、一回目は大正一〇年四月、二回目が九月。だが、これがそのまま『アイヌ神謡集』の原稿になるノートではない。

それをみた金田一と幸恵のやりとりのなかで一冊が生れていくのだ。

金田一は、彼女の『アイヌ神謡集』の原稿が彼の手元に届いたのが「いつか」を示唆する文章を二つ書いている。ひとつは「故知里幸恵さんの追憶」中の次のところ。

（前略）いよいよその第一集の神謡集の原稿を纏めて私の手許へよこされたのは、（大正）十一年の三月頃でした。その内に幸恵さんは、「健康もまずまず恢復してきたし、出京したい。迷惑ではあるまいか」（後略）

もうひとつは『私の歩いて来た道』の次のところ。

（前略）『神々のユーカラ』十四編（注・十三の思い違い）を、本文のアイヌ語はローマ字で書き、一行ごとに日本語訳をほどこし、それを手みやげに大正十一年の五月、私のところに現われた

のです。(後略)

幸恵ノート研究者の北道邦彦は、「せっかく三月一日には序文を書くほど早くできあがっていた原稿を(手みやげにして五月まで)二ヶ月も送らずにそのままにしていたろうか」、「三月段階で送付されていたとみたい」(注3)と考えている。が、私は、最近は、もう少し時間幅をみたほうがいい、と思っている。

ここで、いまの金田一の「——追憶」にある三月と「——来た道」の五月の間に、幸恵の両親宛て、四月九日の手紙(Y9)を置いてみる。それには、「今、アイヌ語民譚集といふものを書いてゐます。此の原稿が書き上がると炉辺叢書とかいふののうちの一冊として、金田一先生のお世話で出版……」とあった。

前年九月の金田一の葉書(K17・14節)以来、促されて、幸恵は、それまで金田一に送ったノートの「控え」? の整理を始めてはいたと思う。だが、この段階ではまだ彼女には『アイヌ神謡集』と〝アイヌ民譚集〟が厳密にわかれてなかったのでは——。「序」文(資料6)に「神謡」「民譚」、いずれの単語も出てないのは、だからではないか。彼女の上京直前四月初め、両親あての手紙(Y9)には、「今アイヌ民譚集というものを書いてゐます」とある(13節)。まだ「アイヌ神謡集」でない。

ノートの整理をする一方で、ナミが曾太郎のことで反対しているので気持ちに混乱があった。そして二月末か三月初めの仮祝言――。あの、「其の昔此の広い北海道は、……」ではじまる「序」文執筆は、ひょっとしたら名寄で曾太郎と相談しながらだった可能性もある。

整理の過程で彼女は〝原稿〟の一部？　を金田一に送っていた、三月にも。――そして五月、上京のときにも未完部分のある原稿ノート持参する。金田一の印象には、この二回があって、さきほど引用のような混乱を感じさせる記述になったのでは――。

本になるまでの原稿を書いたことのない幸恵は、東京に着いてから、金田一の助けを借りて、本の体裁が整うようにノート原稿の整理をする。

13節に引用した「故知里幸恵さんの追憶」の傍点部分は、そのことを示唆しているのではないだろうか。

こうしてみると、『アイヌ神謡集』のノート原稿は大正一〇年末頃から整理を始め、彼女の錯綜する身辺のなかで、書き上げたのは上京後の五月後半ではないだろうか。そのくらいの時間を彼女にみてもいいのではないか、と思う。

五月いっぱい、彼女が日記を書けなかったのは、慣れない東京生活のなかでのアイヌ神謡集原稿の本格的整理をしていたからでは――そんな気がする。

幸恵は、金田一家にいる間に『アイヌ神謡集』のほかに、こういう仕事もしている。

日高の平村コタンピラの語るユーカラ、Shupne Shirka の筆録である。

金田一には晩年の大仕事に未完の、『アイヌ叙事詩　ユーカラ集』(三省堂)がある。その八巻には、『蘆丸の曲』と訳しているユーカラのうちの、宝刀を主題とした名篇、Shupne Shirka［真っ直ぐに・なっている・刀鞘］が二篇、「本伝」と「別伝」が載っている。「例言」によると、「本伝」は、「大正二年六月、平取のワカルパを本郷の自宅に迎えて、半年間筆録したものの一つで、ワカルパは冒頭の一部だけしか伝えて居ない、といって二千二百三行で終った」もの、だという。ところが、「その後、大正十一年七月、同じ平取の平村コタンピラが私方へ客となって、この蘆丸の曲を堂々と演じた」。

そのとき、幸恵もコタンピラの語りの場に同席していたことが「例言」から分る。「(語りが)終った時に、聞いて居た知里幸恵さんが、私の幌別方言とは少し違いますが、それでも、すっかりわかりました、と書き出したのが蘆丸の別伝である。「蘆丸の曲」を公表するにあたって、同時にこれを公表してその労に酬いる」とある。

金田一家所蔵の、幸恵が筆録したこの「別伝」ノートにも金田一の手による同趣旨のメモが記入されていた。

平村コタンピラ口述。大正十一年七月、森川町金田一宅ニ於テアイヌ同勢七人ト共ニ同座シテ。金田一速記ニモトヅキ知里幸恵一週間ホドカ、リテ筆録ス。但シ、実演ナクシ故、早クシテ金田一ノ筆記ハ片仮名ニテ語頭グラキヅ、カキツケタル全然不完全ナルモノ。幸恵ハ一度キ、テ、スッカリ知悉シ、金田一ノ手記ヲ座右ニオキテ思ヒ出シツ、完全ニ全部ヲコ、ニ再現ス。

ノートは二冊分、一四〇ページ、約四千行。ただ一回、聞いただけで「全然不完全ナ」金田一の速記を一週間で終らせた、ということは、いち日約二〇ページ、五七〇行のスピードで「完全」に仕上げたことになる。その記憶力に驚き、それをを後世に伝えようとしたのがこのメモ。稗田阿礼、ホメロスをみた思いがしたのではなかったか。

ここにも「お婆ちゃんっ子」幸恵がいる。

のちに金田一家でこのノートをみたマツは、「よくあの子は日高の言葉をおぼえていたもの」とほめながら驚いていたという。

付記――この「コタンピラ」ノートも知里幸恵ノートと一括されて北海道立図書館に保管されているのを私は見たことがある。私はそのときコピーしたものを持っているが、ところが最近訪ねたところこのノートはなかった。「これは幸恵さんのノートでないという(誰かの)アドバイスで返却された」ということだった。

ところで、なぜか幸恵日記にはコタンピラが出てない。が、六月二日に、「今日もいいお天気。朝の中は英語の復習、洗濯で時を過し、お昼飯まではシュプネシリカを書く」とある。コタンピラの口述したもののことだろう。

大正一一年六月九日、両親宛ての手紙に、「毎晩英語を習い、一度で覚えられないので復習しなければならない。それに此の間、あのアチャポがやったユカラをまだ書いてゐるんですから……」

（Y11）とある。このアチャポ Acyapo は、前後の様子からコタンピラだ。幸恵日記は六月一日から起こされている。このアチャポとの出会いはその前だったことになる。

とすれば、幸恵ノートにある金田一メモ、「大正十一年七月」は、幸恵が筆録を終った時点ではないか。

手紙にコタンピラのユカラのことを書いた後に彼女は、金田一夫妻に博覧会に連れていってもらったときの、こんな微笑ましいひと駒を母に伝えている。

「苺の炭酸水を飲むのに」、「こっぷに箸の様な《かや》の棒がついてゐる。ハテナ飲むものに箸がつくなんて面白い」、奥様に聞くと「《かや》で少しづつ吸ふのです」と教えてくれた。ストローのことだ。彼女の笑顔が目に浮かぶ。平和ないち日だ。

日記にコタンピラは出てこないが、「七月二十四日」にワカルパは登場している。

（前略）樺太のニマポを見せていただいた。何れ程古いかわからぬニマポ、ピカピカ光っている。私は涙が出た。

ワカルパアチャポの事をうかがって思はず涙にくれる。ワカルパアチャポ、ワカルパアチャポ…あいぬは滅びるのか。神様、何卒……。（後略）

「ニマポ」Nima-po は［木鉢・子＝小鉢＝小さいお椀］のこと。ワカルパについては金田一のエッセイ、「盲詩人」に詳しい。彼はワカルパのことを幸恵に聞かせることがあったらしく、そういう話を「幸恵さんが一等好きでした」と書いている（「故知里幸恵さんお追憶」）。ワカルパの話のどこで涙にくれたのか。続く「あいぬは滅びるのか」が、私の頭のなかで、いつまでも消えない。

幸恵はまた金田一の相談相手の傍ら、バチラーの辞典の誤りにも赤を入れていた。ところがこれは、昭和二三年暮れ、金田一家に泥棒が入り盗まれた。『毎日新聞』（昭23・12・30）は、「将来、幸恵さんの弟の知里真志保さんがアイヌ大辞典を編纂するときの貴重な資料となるものだった」と、報じている。

17　Shirokanipe ranran pishkan

東京での幸恵をみているうちに私は意外なことに気がついた。

救世軍に対する彼女の想いである。

手紙の発・受信簿に「救世軍　杉原大尉」「救世軍　荒川大尉」と、〝救世軍〟が何回もでてくるのだ。また、「出納記」をみると、救世軍の機関紙『ときのこえ』を何回も買ったり、「六月二十七日（救世軍へ）寄付五十銭」ともある。このとき「残金二円十六銭」だから持ち金の約二〇パーセントの寄付だ。救世軍への強い心情的傾斜が感じられる。

救世軍と幸恵の接触は、大正一〇年七月、杉原が北見の遠軽救世軍小隊から旭川小隊に転勤してきてからだった。折から近文は窃盗事件でざわざわしていた。杉原は、「自分たちはアイヌ研究家でない。アイヌの友人である」といっていた。彼は禁酒をすすめ、慰安会など、人の集まるところで大太鼓を響かせ、大きな声で歌い、酒がなくても人の気持ちを陽気にさせ、窃盗事件で滅入っていたコタンの人々に元気を与えた。

救世軍については、マツも「近文便り」で、「本年（大10）八月の末頃より救世軍の（杉原）先生方が、お二人程一週間に一回づつ御出くださるために青年達も真面目に神に耳を傾ける様になり、そのためか最近はよき噂を耳にして居ります」と書いている。

旭川では和人より早く、近文のアイヌ青年団にブラスバンドが組織され、小学校の運動会の応援をしているが、これは救世軍の影響、という人もいる。

幸恵も杉原の説教を聞いていた。東京にきて間もなく、彼女は杉原に手紙を出している。手紙だけでなく、幸恵の日記にもたびたび彼の名前が登場する。

六月四日　日曜日　（前略）（金田一）先生に教えられて本郷教会に行く。（中略）十二人の来会者のうち真面目に話をきく人が何人あるのかしら。若い青年がコクリ〳〵とゐねむりをし、若い女があくびの出しつずけ。オルガンを弾く女の人は居ねむりを我慢しきれないでみっともない様子をする。私には今夜きいたお話が何だかわからなかった。今私の頭に何の印象も残っていない。杉原大尉を思い出す。杉原先生のお話がきゝたい。（中略）心からシックリと私の心に合うお話がきゝたい。杉原先生を恵み給え。（後略）

その当時、金田一の家は、本郷区森川町（現・本郷六）にあった。ここにある「本郷教会」がどこにあるか特定できない。家の近くだったろうが聖公会の教会ではなさそうだ。その頃、この周辺の教会名簿に聖公会は見当たらない。ともあれ、東京にきて間もなくひと月、ようやく教えてもらって出かけた教会でのこの風景に幸恵は驚いている。旭川では、足の悪いおば・マツを助けて、彼女がオルガンを弾き、彼女のうたう賛美歌のあとをみんなが歌ったのに――それが、東京のりっぱな教会では――。ここにもアイヌの女性がみた東京の文化の一ページがある。

この日の日記は二、二〇〇字の長さ。その中ほどに「杉原」が三回でてくる。

またこの日より四日あとの六月八日にも、「杉原先生のお話をききたい」とある。

六月二八日「旭川杉原大尉より」手紙。この日の日記には、「救世軍の杉原大尉からのお手紙。部落から手を抜くようになりましたと。何だか情けない様な気がした」とある。

そうなったのは次のようなことがあったからのようだ。（六月二二日の日記）

（前略）救世軍の人に対してニシパ（注・nisipa長老男性に対する敬称、ここではJ・バチラーを指している）が非常に悪感情を持って居られるという。救世軍は熱烈、死を厭はぬといふ所はいいが、大事な聖餐もなければ洗礼式もない、といふ。誰に断わって人の家に来て集会を開いたり、人の部屋から寄付金をとったりするのであるかと、憤慨して居られたといふ。

救世軍！　私は救世軍が好きだ。形式ばっかりの宗教よりもだん〳〵〳〵内容充実となる様に進んで行く。何故、聖公会だの救世軍だの何だのかんだのとわかれわかれになってるのだらうか。仏教だのキリスト教だのって……。（後略）

この日、マツから手紙がきているが、それに近文の近況があったのだろう。

引用中にある、「人の家に来て云々」は、救世軍の杉原が、マツの教会を借りて集会を開いたり、日曜学校に合流して音楽会？　をしたりしたことを言ってるのであるが、後段の、「私は救世軍が好きだ」は、バチラー・ニシパに対する知里幸恵の心の深層にある乖離の裏返しではないか。

バチラーは、幸恵にとって自分の意志ではないにしろ幼児洗礼の司式者だ。そのバチラーが悪感情をもつ、「救世軍が好きだ」「杉原大尉にあいたい」と書く彼女の内心はどんなだったろう。

二年前の四月、カゼの発熱をおして登別から旭川に帰る途中、札幌のバチラー宅で受けた心霊術治療――知里真志保のノート・メモ（10節）が事実であるかどうか確かめようがないが、そのほかにもバチラーのマイナスのあれこれが幸恵の耳に届いていたであろう。

アイヌへの伝道といえば、すぐバチラーの聖公会が浮かんでくるが、幸恵は、そのカゲに埋没して救世軍がいることを教えてくれている。

幸恵は、この日の日記をさらに、次のように続ける。


（前略）仏教だのキリスト教だのって……。自分の神さまを信ずる人のみが天国へ行き、あとのすべての人は地獄へ行くといふ。私にはわからない。ああもう宗教の事なんかわからない。ただ神様はある。たしかにあるといふ事だけを私は確信してゐる。孔子様だの何様だのはほんとうに偉い聖人であったらう。イエス様の聖書を読んでは、一々、胸をさされる思いがする。ほんとうに拝んでもいい。拝まなければならない。理屈なしに信ずればよいではないか。何故私はかうも生意気なのだ。しかし、わからない。ああ今夜は頭がをかしい。くしゃ〳〵してゐる。（中略）マデアルさんが肋膜炎だといふ。何て情けない事であらう。（後略）

ここには、苦悩を救ってくれる神・仏がいないことにもだえている幸恵がいる。

この「六月二十二日」の日記の冒頭部分には、「S子さん（＝曾太郎）から長いお手紙、ひらくと、ぱたりと落ちたのは二円のお銭。あの方の愛は純粋なのだ。私の愛はにごってゐる。おお御免なさい。私はあなたの為に生きます……」（13節）と、あった。遠い距離に悩む恋心がみえる。

こんな日もあった。

七月二十五日
午後から、先生と坊ちゃまのお供をして博覧会見物に出かけた。目がまはりさうなところ。（中略）くたびれてくたびれて、物言う事さへ億劫になってしまった。

この「億劫」はただの疲れではなさそうだ。体調の衰えの兆しだったろう。


日記の記入が七月中頃から記入量が少なくなる。そして「七月二十八日」はついに日付けだけ。翌日から空白となる。

日記が書かれなくなる前後から「出納記」記入が疎らになることも気になる。

入りは「七月二十三日　五円　先生カラ」、出は、「電信料　三十銭、石鹸　二十五銭、残四円四十九銭」、「二十四日　タオル二十銭」、「八月二日　三十銭　奥様カラ」、「十一日　イト（糸）一二十五銭」、「八月二十一日　一円　奥様カラ」。

二三日の「電信」は、どこの誰に「何」をあてたのだろうか。

また、七月二四日〜八月一日までの九日間、手紙の発信なし。これは彼女の発信行動上珍しいことだ。

この頃の幸恵を心配した、「八月十三日」付けのマツから金田一にあてた手紙がある。全文を巻末に掲載する（資料13）。

封筒には旭川局「8・14」の消印がある。

「私、娘から手紙貰う時に……」といっているが、発信簿で拾うと幸恵はマツに上京以来、一三通書いている。

そのたびに幸恵は、世話になっている様子を知らせていたのだ。マツはそれに対し「いつもいつも」と繰り返し感謝している。

幸恵の手紙のどれかに、「坊ちゃんの大けが」のことが書かれてあったのだろう、これは七月二日、七歳の春彦坊っちゃんが、遊んでいるとき井戸に落ちて大騒ぎしたことをさす。（ナミには七月四日の手紙Y12でこの事を知らせている）

マツは「八月十三日」に近い幸恵からの手紙で、「心臓の方大へん悪く」、「先生奥様から手厚い看護を戴き」、「博士」に見て貰ったことを知ったのだろう。

幸恵のマツ宛ての手紙で「八月十三日」に直近の投函は八月二日だった。

それに体調不調が書かれてあったのか。

この手紙の頃、幸恵の体調が落ち込んでいたことを、金田一は次のように書いている。

(前略) 八月の初であったか、ふと、「私は帰村します」と云い出した。私は悲しんだ。それは、私の家の待遇が、決してこの賢い若い女性を満足さして上げ得ない(中略)、(帰村を考えた)その時の理由には、「何だか自分の病勢が亢進して御迷惑をかけはせぬかと、いう気遣いからです。ただその為です」ときっぱり云いました。「それならば尚のこと、こちらにも医者も沢山ある事だから、留って治療をこそすべきでしょうに」という私の意見に早速同意して、そこで大学病院に同行しました。「二三日絶対安静を要す。あとは自然癒るべし」との事に、(中略) 二三日して快癒したが、その時、「私は今日まで自分の親達の許でなければ死なないかと思いましたが、今こそ何処の里でも安心して死ねます。この間本当に出立しなくてようございました。出かけたら青森あたりで死んでいたかも知れません」(後略) (「故知里幸恵さんの追憶」)

これからみると、幸恵は自分の体調の、かなりの不調を自覚していたことがわかる。七月末から、日記、出納記などが書けなくなったのは、こんな体調の衰えからだったのだ。

彼女が、マツに手紙を書いた八月二日には、「登別父母様へ」と「名寄へ」も投函している。両親宛ての末尾には「八月一日夜十一時十五分書終る」とある。これは、四百字原稿用紙にして約一四枚の長さ。近所の若妻の自殺騒ぎや博覧会見物、英語を毎晩一課ずつ習っている、とあるが、体調のことには触れてない。だが次のあたりは、重い予感を押さえているように読める。

（前略）（知人の不幸が続くことに）人生の無常をつくずく感じさせられました。弱い何も出来ない様な私が生残って、ピンピンとした人々がさっさと召されてゆく所を見ると、人は強いから長生きするとハ限らないものだと思ひました。弱い何もならない様に見えるものも必ず何か使命を持ってゐて、此の世に為すべき事があるからこそ、神が生かしておきなさるのでありませう。（後略）（Y14）

日記をみると、七月、故郷から知人の訃報が届いている。

マツは、「此度心臓の方大変悪い」のを、「八月二日」の手紙で知ったようだが、とすれば、幸恵は、マツと両親あてでは内容を変えてしたためたことになる。幸恵は、「八月初め」の体調の不調は両親に報告してなかったようだ。

ふだんの幸恵の体をよく知っているマツは、それで、「如何したら好いでせうか」、「北海道に帰させたい」と、心配でたまらなくなる。この手紙はそのたまらない気持ちが書かせたもの。「私の手紙意味もお分かりにならないかも知れません」の行にその「たまらなさ」がこめられている。

幸恵の受信記録の「八月十七日」に「旭川母様から」とある。これは、いまの手紙の末尾の、「誠におそれ入りますが、別□幸恵に」のことであろう。

ちなみに、幸恵が上京中、両親とマツにあてた手紙を月別に一覧してみる。

	5月	6月	7月	8月	計
両親あて	2	3	3	4	12
マツあて	2	4	5	2	13

（注・発信記録のある5月15日から8月21日まで
Y16 Y17は含まない）

金田一は『婦人公論』のエッセイ（前出）に、「結婚問題を通して義理の母と生みの母上と正面衝突を来たしはせぬか」と幸恵は気にかけていたと書いているが、発信簿記録の「登別父様母様」「旭川母様」が、同日か、どっちかが翌日になっている。内容は別として、彼女のなかにあった無意識の微妙なバランスがこの数字かもしれない。

私は、知里幸恵の体調の不調の時期を追ってきたが、金田一のさきの婦人公論のエッセイと整合しないところもある。

それは金田一は、「この年八月に入って、私が病妻を伴って一週間、四満温泉へ行った間」、幸恵は、「女中の菊と二人、二歳の若葉をお守りしながら留守居をして」いて、その間、「看護婦も及ばない忠実さで、弱い私の女児を看護」、日々の容態を『お留守居日誌』に記してくれた、とあることだ。この『お留守居日誌』があればその間の事情がわかるのだが——。

幸恵は、死の五日前の九月一四日（消印九月一五日）、1節にも引用したように、両親あて、便箋六枚の長い手紙を書いていた。それによると、体調を崩していた彼女は、この月「二十五日に帰る予定」をしていたが、「お医者さんがもう少しと仰ったので十月十日に」変更したことを告げ、「私のカムイカラの本も直きにできる」と、喜びながら、タイプライター打ちの原稿についてこう報告している。

（前略）昨日渋沢子爵のお孫さんがわざわざその原稿を持って来て下さいまして、誤りをなほしてもうこんど岡村さんという所へまわって、それから印刷所へまわるさうです。渋沢さんは、先生と私をお邸へ招待して下さる筈になってゐたのが、今度急にロンドンへ在勤を命じられたとかで暇がなくなったんださうです。りっぱな方でした。
坊ちゃん（注・春彦氏のこと）はどくむしにさされてチンチンの先がピセみたいになって医者へ行ったりして、二日休学。（後略）（Y17）

渋沢敬三はこの年、二六歳、五月に結婚、この手紙の前日、九月一三日、幸恵にタイプライター打ち原稿を届けて一七日、神戸から鹿島丸で横浜正金銀行ロンドン支店に転勤する。文面からすると、彼女は、このとき渋沢と顔を合わせている。

実は彼女は、自分の本の進行の遅れを、これより前に両親に報告していた。「私の炉辺叢書はまだ出来ません。肝腎の渋沢法学士が御結婚の為に少々延びたのださうです。主宰者柳田国男さんは只今洋行中なのださうです。」（Y13）と、七月一七日付けの手紙にある。

『炉辺叢書』の形は、すでに出されているシリーズを見せられていたであろう。上京には出版のことがあっただけに、自分の本が、どんな形になるのか、期待していたに違いない。

渋沢のところにタイプ打ちする神謡集のノートがいつ託されたのかはわからない。タイプで打ち直された原稿が戻ってこなければ、上京の大事な意味が完成しないのだ。だから、一三日、渋沢がタイプ原稿の校正を届けてくれたことは嬉しかった。「これで、もう直ぐできる……」と、胸を弾ませて五日間で仕上げることになるのだが、いまの手紙の、「チンチンの先がピセ(Pise魚の浮き袋)みたいになって」とアイヌ語まじりの「坊ちゃん」の微笑ましいエピソードは、嬉しい胸の弾みが書かせたもの。ここには、数日後に迫った彼女の死の影がみえないのがいたましい。

知里幸恵は、この、『アイヌ神謡集』のタイプ原稿の校正のペンを擱いたところで、生が終わるわけであるが、私は、なんとかこのタイプ原稿を見つけたい、と追いかけたことがあった。

それがあれば、1節で触れた、

Shirokanipe ranran pishkan

が、

「銀の滴降る降るまわりに」

と

「あたりに　降る降る　銀の水」

の、どっちなのかに近ずくことができるのだが――

私は、岡村千秋と親しかった生前の岡正雄に、捜す方法がないかたずねたが、悲観的だった。

「あの本が出たのは大正一二年八月初め、関東大震災の二十日前で、駒込にあった郷土研究社の出版物の印刷所は震災でやられた。それに、そのあと空襲の時代を過ごしてるからな――」

私は、その後、渋沢の常民文化研究所を訪ねたがそこにもなかった。

いまなお私のなかで、このことはもやもやしている。

もやもやといえば、『アイヌ神謡集』の目次の「銀の滴……」のタイトルのことも。

「大正十二年」の『郷土研究社』初版（『炉辺叢書』）では、「梟神が自ら歌った謡『銀の滴降る降るあたりに』」となっている。が、いま手軽に入手できる岩波文庫版（一九七八年）では、「――『銀の滴降る降るまわりに』」となっていることだ。傍点部分に留意していただきたい。

岩波版は、底本に郷土研究社刊行の『アイヌ神謡集』を使用し、札幌の弘南堂書店が「昭和四十五年」復刻したものを「参照」しているが、弘南堂版は、すでに後者の傍点のようになっている。

私は、彼女のノートには、「あたりに降る降る　銀の水」とあるので、「あたりに」にこだわりたい。

この違いは、切替英雄も「『アイヌ神謡集』辞典　テキスト・文法解説付き」（北大言語学研究報告2号）で指摘している。

幸恵の頭のなかでは、アイヌ語の「pishkan」の和訳を「あたりに」にするか、「まわりに」にするか——本文の校正を了えても、まだ「目次」のところでどっちにしようか、迷いながら逝ったのでは——としたら、そのままのほうが彼女の心に近いのでは、と私は思う。

金田一家では、家族連れでときどき近所のお祭りに出かけた。そういうとき、背の低い幸恵は人ごみのなかに入ると見えなくなることがあったが、「額が白かったので捜しやすかった」という。幸恵が息を引き取ったのは大正一一年九月一八日午後八時三〇分（除籍簿死亡届には「午后拾時参拾分」）であるが、翌日の一九日も、一家で根津権現のお祭りを見にいくことになっていた。幸恵もそれを楽しみにしていた、というから、彼女の体の深刻な変調は、はた目には気がつかなかったようだ。

だが、金田一は、「今思えば、顔色のすぐれない幾日が続きました十八日です。少し風邪のようです、と云って居られました」（「故知里幸恵さんの追憶」）と、言ってるから、サインはあった、ということになる。

終焉の様子を金田一に語ってもらう。

（前略）少し風邪のようです、と云って居られましたが、でも、ちっとも常と変ったこともなく、三度の食卓も、いつも通り私たちと一緒にやって、間々「アイヌ神謡集」の原稿の校正（渋沢敬三さんが、幸恵さんの神謡集の原稿をそのまま活版屋へやるのを惜まれて、タイプライターで打たして下すった)を全部し了えてから、急変してしまったのでした。近所のお医者が注射を勧めたら、「それは最後の手段だそうですね。私はまだそれをしたくありません」とはっきりことわって、間もなくあまり悪いので、私が電話へ立って大学のH博士を請じている間に、とうとう心臓麻痺を起こされて、私はびっくりして抱きかかえて幸恵さん幸恵さんと連呼した時に、二度返事をしてそれっきり……。(前略)(「故知里幸恵さんの追憶」)

傍点の彼女の言葉に彼女の生への強い意志があらわれている。

このように、幸恵が死の直前まで校正していた『アイヌ神謡集』が世に送られるのは、彼女が逝ってから一年後の大正一二年八月だった。

18 ハイタヤナ

知里幸恵は、11節の手帳とは別に、もう一冊、かわいい手帳を遺していた。

「ぷろろーぐ」に紹介した「A様」はこの手帳にあったものだが、横八・五センチ、縦一三センチ、一七行の横罫、八五ページ、表紙には、まん中よりやや上に横書きで『日誌帳』とある。その少し右横に、縦書き二列、「大正十一年六月一日以降」「知里幸恵」と、ていねいに記されている。ページをめくると「A様」のほかに数編の「手控え」などが記されている。

この稿はその「手控え」を読みながら終ることにする。

この手帳『日誌帳』は、本書の随所で引用した彼女の日記ノートとは別である。日記ノートには、表紙に縦書きで『おもひのまま』とあり、少しはなれて「大正十一年六月一日夜より」、「知里幸恵」とある。

『日誌帳』、『おもひのまま』二冊ともに、使用初めの月日を記入しているが、彼女の几帳面らしさがしのばれる。

それにしても、どうして《日記》のノートが二冊あるのだろうか、ふしぎである。

『日誌帳』に、じっさいに〝日記〟が書かれているのは、表紙をめくった第1Pの次の四行だけだ。

六月八日　五時頃起床
朝、雨
十時までアイヌ語のお相手。
おひるまでに雨霽れた。

「六月一日以降」から使用、とあるのに、六月一日でなく六月八日だけが短く書かれているのはなぜなのだろうか。念のため『おもひのまま』の同日を読んでみるが、理由になるような文言はない。

『日誌帳』は四行なのに、『おもひのまま』のこの日は、マタイ伝からの引用が多くあり、四〇〇字原稿用放で五枚近くも書いている。幸恵の心の深いところに、聖公会の牧師J・バチラーの司式で受けた幼児洗礼が負担になっている重みがありそうだ。17節に短く一行引いた、「(救世軍の)杉原先生のおはなしをききたい」とあるのはこの日。

『日誌帳』は、この四行のあと、数行の余白に、Yukar,Oina,Yairap,Menokoyukar,Kamuikar,Kamuikar(同じこの言葉が二行)などアイヌ語がローマ字で不規則に書かれている。

Yukar(ユーカラ)Oina(オイナ)は1節をみていただくとして、ここに書かれたほかの三つも、

1節の分類と同じように知里真志保に聞いておく。(注4)

Yairap(ヤイラップ)は、「胆振にそういう名の英雄詞曲があり、原義は、自分について物語る、ということらしい」、またMenokoyukar(メノコユカル)は、「女性を主人公とする詞曲で、内容も戦争の代りに男女間の事情を謡っていて、小説的な内容に踏み出したもの。胆振、日高に発達している」。Kamuikar(カムイカル)は、「原義は、神のさまをなす」だが、「それだとYukar(ユカラ)と同じ事情にもとづく名称」となる。

気になることを一つ。「六月八日」は彼女の戸籍上の誕生日なのに一言も触れてない。上京後、一カ月、16節でみたように、前から宿題の『アイヌ神謡集』の整理が終わり、五月末? に金田一家にきたコタンビラの『shupneshirka』の筆録が終わった頃だ。余白の数行は、〝神〟が自分を語る=〝神の自伝〟を意味する言葉でもある。彼女は〝神謡〟のことを考えていっぱいだったからか。それとも、誕生日に触れてないのは、彼女は、2節のように、母・ナミの記憶の「一月十五日」をその日と認識していたからか。

『日誌帳』の四行日記のあとは二ページの空白をおいて、三七Pまで英語の単語、短い英作文が続く。『おもひのまま』の「六月六日」に、「英語はだんだんむづかしくなってきた」とあるが、『日誌帳』のこの三十数ページは英語勉強のあとかもしれない。

英語のあと一ページ空白、39Ｐから最終の85Ｐまで、「手控え」や、数字譜つきの小学校唱歌や童謡が書かれている。

数字譜ページには幸恵のなかの童話・童謡の世界がありそうだ。

幸恵と童話について、金田一晴彦氏はこんな思い出を語っている。

（前略）（幸恵が金田一家にいるとき）幸恵さんの部屋に『童話』という雑誌が置いてあった。私は無遠慮に広げて見ていたが、その中に西条八十氏の「つくしんぼ」という童謡の作品が載っており、幸恵さんがそれの実にすばらしい鑑賞をして聞かせてくれたのである。あれは私にとって生まれてはじめて聞く詩の鑑賞というべきものだった。（後略）（『父京助を語る』昭52）

「つくしんぼ」は、大正一一年の『童話』六月号に発表されたもの。彼女の発信簿をみると、六月二八日、弟・真志保に『童話』が送られている。

さて「手控え」は、およそ半分を「資料」として巻末に掲載した。

みてわかるように、「手控え」は、彼女の覚え書きだったようだ。ときどきに浮かんだ言葉とか、何かを読んで触発された情感を忘れないうちに綴り、後から整理しよう、としたのでは――。推敲の手のあとのみられるものもある。

この「手控え」は、必ずしも手帳のページを追って書かれたものではなさそうだ。次ページに続かないものもあるようだし、同じページで、行が連続していても彼女は、「明日、別のところに移そう」というつもりだったものもあるかもしれない。従って「手控え」の順序は、必ずしも彼女の生活時間どおりにはならない。

まずA3。(資料4)

『日誌帳』の39Pから43Pまで。これは一連でありそうだ。

39P

1　自分を顧る時あまりに
2　自分が醜ひのでつひ〳〵
3　何うしても
4　過去幾千年の昔を偲び追憶
5　しては涙ぐみ

……

「醜い」は、容貌のことではない。

これを読んだ、私の友人、千歳市の中本ムツ子氏からこんな忠告を受けた。

「私も小学生の頃、自分がアイヌであることを自覚したとき、自分のなかの長い歴史に思いをはせたもの。幸恵さんのこれも詮索しないでほしい、と私は思う。あの人には、あの人の書き割りがあったはず――」と。

長い歴史のなかの自分をみつめてきた中本ムツ子の視線の先に、幸恵がいるようであった。彼女の声が幸恵の声にも聞こえた。

40P1行目の「知子さん」――同級生の名簿にそういう人はいなかった。

41P

10　いいじゃないの、貴女が

11　それだけ勉強してゐる

12　のだもの…誰だって貴女を

13　アイヌだなんて思ひやしないわ、

14　何を悲観してるのさ、ポンと

『おもひのまま』の七月一二日に、こんな場面が記されている。

（前略）岡村千秋さまが、「私が東京へ出て黙っていれば其の儘アイヌであることを知られずに済むものを、アイヌだと名乗って女学世界などに寄稿すれば世間の人に見下げられるようで、私がそれを好まぬかも知れぬ」という懸念を持って居られるという。（後略）

金田一に英語を習っている彼女をみて、声をかける隣近所の人たちは、岡村と同じように思っていたようだ。

岡村千秋とは『アイヌ神謡集』出版予定の郷土研究社の岡村のこと（14節）。岡村はこれより前に、幸恵の写真（口絵写真©）を撮りに金田一家を訪ねたことがあった。彼女の日記、「七月六日（中略）夕方、岡村千秋さんといふ方が見えた。先生が私を紹介して下さる為に探して下さったのださうだけど、ちょうど赤ちゃんと一しょに散歩にでかけてゐたので駄目だった。女学世界に何か書くやうに」ということだった、とある。

私は、中本ムツ子の忠告にそむいて詮索に踏み込んでいるようだ。この「A3」の、42P8行「秋風がひょう〳〵」には、幸恵の東京での孤独がにじんでいる。これは、九月になってから書いたものだろうが、このあたり、私は見過ごすことができない。

「秋風がひょう〳〵」と吹くある宵の口、幸恵は、金田一家の庭先に立ってこんなものを見た。「ちょうど東京のやもりが」、玄関の軒の灯にひかる、何かの木の葉に誘われて、ついに灯そのものにまで這いあがり、その熱に焼かれてみにくい骸になっていた。彼女は、どうしたのか、そこに、「今の私たちアイヌの女はちょうど同じやうなことをします」と重ねた。そのとき彼女は、マツの「近文便り」（資料12・15節）に書かれた、陥れられたアイヌの歴史を思ったのでは――。

六月二九日の彼女の日記に、旭川の知人の死を悼んだこんな数行がある。「人生の暗い裏通りを無やみやたらに引張り廻され、引摺りまわされた揚句の果は何なのだ！　生を得ればまたおそろしい魔の抱擁のうちに戻らねばならぬ。死よ我を迎えよ。彼女はさう願ったのだ。然うして望みどほり彼女は病に死した。」と。

この死んだ知人のことは金田一にも話していた。前出の『婦人公論』のエッセイに触れられている。

売られて体を悪くした友人が治療にコタンに帰ってきた。直ればまた同じところにいかねばならない。直りたくないと、手紙をくれた友人がいたのだ。

この「Ａ３」は、九月になってから書いた、といっても一三日には、渋沢敬三が『アイヌ神謡集』のタイプ原稿を持ってきて、校正がはじまる。とすると、校正の合間にも書いたかもしれない。ただ「Ａ３」、ページは順であるが、41Ｐと42Ｐが続くかどうかは分からない。

「Ａ３」のあと一ページおいて、45〜49Ｐに「夢の秋——語りつたへたフチの声」（資料9注5）がある。

このうち48・49Ｐには、字配り、行配りが重なっていて判読がむつかしい部分がある。58Ｐの9行は、そのあと数字譜の10ページの後にある。43Ｐは金田一との談のなかで出てきた英雄譚のうちの印象に残った情景か。

この「夢の秋」の副題「語りつたへたフチの声」のフチ（祖母）はモナシノウクのことだ。この祖母と孫の幸恵のきずなは、すでに何回も触れたてきたが、幸恵は、「A様」（資料2）の終わりの方で、祖母との生活時間を懐かしく振り返っている。年譜備考のモナシノウクの実線と幸恵の年齢との重なりを再度見ていただきたい。

「五つ六つの頃は年老いた祖母とたった二人で山間の畑にすみ、七つの時旭川の伯母の所に参りまして」と。

祖母と二人で住んだ「山間の畑」のあるところは、「夢の秋」に出てくるヲカチ（シ）ベツである。

そこで寝るとき、幼い幸恵は、同じ蒲団でフチから子守謡を聞いたであろう。昔話、あるいはユカラ（神謡）を聞いたことだろう。もちろん、フチの語るアイヌ語でである。こうして孫の幸恵に金田一が絶賛した叙事詩人のアイヌの世界が伝えられていった。

伝承とは、そういうものなのだ。

こういう〝伝承のかたち〟は、いま日本列島では、アイヌ世界に限らず、私たちのまわりから消えてしまった。

「近文の一夜」で、作文など学業成績がよく、日本語が上手な幸恵を見て、金田一は、アイヌ語はできないのでは、と思った。そのときマツは、「ぷろろーぐ」ほかで引用したようにこう応えている。

「そのくせ幸恵ったら、お婆さん子なもんですから、片ことからアイヌ語で育って、今では、大ていの大人が及ばないんです。お婆さんの口まねで、ユーカラさえやるんですよ」と。

ここには、幸恵形成のキーパーソンとしてのモナシノウクがいる。

幸恵は、金田一家に寄寓するようになってから、京助にオカシペッツの生活を、思い出深く語っていた。アイヌ語地名研究者の山田秀三は、太平洋戦争後、金田一から伝え聞いた話として次のように記している。

（前略）知里幸恵さんが小さい頃そこで暮らしていた。（金田一京助は）幸恵さんは春になるとこんな花が咲いてとオカシベツを懐かしんでいました、と云われた。幸恵さんは叔母の金成マツさんの養女（注・養子ではない）になった。そのマツさんの母、ユーカラで名高いモナシノウク媼がオカシベツにおられたと聞く。ある時期、岡志別川の畔に、祖母、義母、子供の、今から考えれば素晴らしいアイヌ語世界の女性たちの家庭が営まれていたのだ。（後略）（『登別・室蘭のアイヌ語地名を尋ねて』噴火湾社一九七九年）

「夢の秋」は、「お婆ちゃんっ子」幸恵の幼児原風景の〝詩〟だったのだ。

彼女の、幼児原風景がある「ヲカチペッ」はいまは「岡志別」と日本語が当てられた小地名で残っている。そこの小さい川は「オカシベツ川」と記されている。

この地名を、永田方正（一八三八〜一九一一）が明治の頃、『北海道蝦夷語地名解』でこう地名解している。

ウカッチウペッ Ukachiupet　槍戦川「オ　カシペッ」ト呼ブハ誤ナリ

「オカシベッ」という呼び方が明治の後半にはかなり一般化していたのであろう。
山田秀三の、伝承をつけての解はこうである。（『北海道の地名』『幌別町のアイヌ語地名』）

岡志別川　幌別原野中央の川。（永田方正は土地の伝説を採り）ウ・カッチウ・ペッ（互いに・槍を投げた・川）と解したのであった。土地ではオカチペ、或いはオカㇱペッとも呼んだ。（語源はよく分からないが）他地の同名、類名から考えるならば、オ・カㇱ・ペッ「o-kash-pet 川尻に・仮小屋（ある）・川」と解すべきであろう。漁期に仮小屋を作った川なのでなかろうか。（伝説とは）昔ランポッケ（富浦）とワシペッ（鷲別）とどちらがウニ（海栗）が多いかが問題になった。そこでこの川を出発点としてそれぞれ東西に走り、どちらが早くウニを取ってくるかの競争になった。やってみるとワシベツに行った方が早く帰ってきたので決闘になり、ヨモギの投槍を作ってこの川をへだててお互いに投げあった。それ以来この川を「ウカッチウペッ」（互いに槍を投げて突き合った川）とよぶようになったという。

計ってみると、この川から遠いワシペッの方が勝ったことになる。いま、登別周辺でこの伝説を記憶している人はいない。

幸恵はモナシノウク＝山のフチから、こんな「槍戦川」伝説を何回も聞いたのであろう。もちろんアイヌ語で――。彼女は、上京後、金田一にアイヌ語の相手をしているとき、それを懐かしく思い出して語った。この詩は、そんな懐かしさの余韻を、手帳に書き留めたものだろう。もちろん、彼女の頭のなかではアイヌ語であったろう。

面白いのは、永田は、オカシペッを「誤リナリ」と言っているが、幸恵の耳には、「オカシベッ」と「ウカッチウペッ」、両方とも印象されていることだ。

地名の変容過程をみるようで、興味のあるところだ。

ともあれ、この「夢の秋」には、「Ａ様」のなかにいる一九歳の幸恵が繋がっている。

少しページを飛ばして「Ａ２」（資料３）をみる。

判読のむつかしいところが多い。

「ヲカチベ」が何回かでてくるが、それよりも私のひかれたのは次。

69Ｐ

１　親にそむきし　そのむくひ

2　月なき夜のくらやみに
3　月木土神はろかに
4　土の魔神と共に泣け
5　涙の限り泣けよとぞ
6　我大父は仰せける

曾太郎のことに反対する母・ナミの顔が、これを書くとき頭に浮かんでいたのでは——上京にためらいをみせた父・高吉の顔も。

六月二一日の日記。

登別の父様、母様からお手紙が来た。親の愛、それはほんとうに疑うことの出来ないものである。深いふかい親の慈愛をありがたく思はずに居られない。筆不精の父様が長い手紙を、書ぎらひなはぼ(母)があれだけ書いて下さる。不孝する子ほど可愛いものだといふ。私はしみじみ思ふ。親の深い恩愛を……。(後略)

六月二四日の日記。

(前略)私は親の愛をつくずく思う。父の愛、母の愛、それは何れ劣らぬものである。父様とはまだしみじみとお話をしたことは無い。だけれど私は、父の愛も母の愛も、私の胸にしっくりと刻みつけられてあるのを今見出す。今此の指の先を流れてゐる血も、父母のわけてくれた血、その血の中には絶えず父母の愛が循環してゐるのだ。かうして私が父母を思出してゐる時も、父母はきっと私の事を思出してゐてくれるのだろう。（中略）私は今日何うかしてゐる。何故こうも父母が思出されるのだらう。（後略）

彼女は、小学校入学の前に父母の許をはなれておば・マツのところへいったのだ。その後、上京するまでに四回帰省しただけ。彼女は、父とは、傍点のように書かなければならない縁の薄さが、いかにも無念だったに違いない。

こうして「A様」、「A3」、「A2」、「夢の秋」を並べて読むと、これらは、知里幸恵の大正一一年の夏から秋にかけての一連の作、とみることができる。

この頃、九月四日、彼女は、こんな近況を両親に知らせていた。絶筆よりひとつ前の手紙だ。

（前略）直ぐ御返事も差上げず、（中略）一週間ほど御無沙汰致しました。何時も病気々々で腑甲斐ないことでございますが、御手紙は二十八日、病床の中で拝見致しました。其の日の朝方から苦しみはじめて、御飯も食べずに寝てゐましたので。まったくひどい目にあひました。胃が悪くなったのです。八月はじめの病気がなほって少し涼しくなると、大層御飯がおいしくて何時も沢山食べてゐました。（中略）そしたら三十日だったでせう、朝五時頃今度は心臓があばれて息ができなくなり、奥さんは医者をよびに、女中さんは氷買ひに、先生は水で冷やしたり水をのませて下さったり、坊ちゃんはさすって下さったり家中で手当して下さいました。おかげで五分位で動悸が静まりました。岡崎とかいふ医者が診察して下さいました。あの頃は随分暑かったので、丈夫な人でも平常と同じ程食をとると胃が悪くなるんださうです。それだのに心臓が悪いんですから、少し胃がふくれると直ぐに影響する（中略）もう起きていいんですが、用心して昨日まで寝てゐました。（後略）（Y16）

この手紙には「今月二十五日帰る」ともあるが、気持ちを陽気に引き立てようと、こうも続けている。

（前略）かわいさうに胃吉さんが暑さに弱ってる所へ毎日々々つめこまれるし、腸吉さんも倉に一ぱい物がたまって毒瓦斯が発生するし、しんぞうさんは両方からおされるので夜もひるも苦しがってもがいてゐたが、やりきれなくて死物狂ひにあばれ出して、それでもこんなによくなって感謝の至りです。（中略）折角の機会ですから。暫く止まって一年か二年何か習得して帰りたい（中略）然し御両親様、神様は私に何を為せやうとして此の病を与へ給ふたのでせう。私の罪深い故か、すべての哀楽喜怒愛欲を超脱し得る死！　それさへ思出るんですが（中略）今一度幼い子にかへって、御両親様のお膝元へ帰りたうございます。（後略）（Y16）

傍点のように陽気をよそおった筆運びは、両親にこの終りの一行を聞いてもらいたくてであったのだろう。

幸恵の最後の甘えだった。

彼女が、こんな体調と思いのなかで書いたのが、この節でずうっとみてきた「A様」や「夢の秋」など。これらは、私には、『日誌帳』の第1ページの余白に記した、神のYairap「自分についての物語り」〝神の自伝〟などに触発された、〝知里幸恵という人の自伝〟に思えてならない——。

そしてこの一連は、アイヌ文学の叙情歌、シノッチャSinotchaのかたちをとっていると、私は思う。

というのは、シノッチャを説明している知里真志保の次の考え方（注4）からである。

（前略）アイヌの考えによれば、鳥や虫などがそれぞれ特有の歌曲（呼声）を有しているように、人間の男女もそれぞれ自分の特有な歌曲とゆうものを持つていて、うれしい時、たのしい時、たいくつな時、さびしい時、かなしい時、つらい時、ひとりでに歌となって口に出るのである。それが此処ら（注・胆振、日高）で云う広い意味のシノッチャとゆうもので、その歌曲は嬉しい時、悲しい時等に応じて、個人個人では大体一定している、（中略）初めはただホーレーとか、ホレンナーとか、ハウォとか、ハイタとか、ハイタヤナとか、サケ又はサケへと称する無意味な音群を各自の曲調に乗せてくりかえして歌っているだけであるが、そのうちにいつしか異常意識に入っていき、心に浮かんできたことをそのまま文句にして、次から次と歌曲の中に織りこんで行き、まるで物に憑かれたように夢中になって歌い続けて行くのである。（後略）

幸恵は、つまり、「うれしい時、たのしい時、さびしい時、かなしい時、つらい時」、「ひとりでに」口をついてでてきた彼女固有の〝曲調〟に、心に浮かんだ言葉を、思いつくままに、そのまま織り込んで、自分の歴史を語ろうとしたのが、一連の「手控え」だったのだ。一見、空想的、幻想的なところもある、また、とつぜん語る情景が変化するところもある、が、その背景には、彼女のこしかたと現在の印象につながる、自分のなかのアイヌがあるのだ、と思う。

そう思うと、「A２」の「70P14～15」の「習志野の花」、「71P４～８」の「天津乙女の天降り」、「A３」の「42P９～43P９」の「東京のやもり……青白い葉裏を……みにくい骸を残すやうに……」や「夢の秋」の「足柄山……」の情景変化にいっそう興味が持たれてくる——。

この一連の各行頭には、どんな〝声〟かわからないが、幸恵は知里真志保が説明している〝サケへ〟を略しているとみることができる。

それをのぞかせたのが一連のなかの次の「ハイタヤナ」だ。彼女自身によるわかりやすい和訳がつけられている。

大塚一美の直訳を、巻末（資料５）に対比して掲載した。

並べて読むと、一つの言葉を別の言葉に訳す、という行為のむつかしさを痛感する。

ハイタヤナ

ハイタヤナ　　おお
クトㇾ　シポ　　我　妹子よ
クコㇿ　オペㇾポ　　我　愛してめよ
ネイタ　エアナ　　おんみ 何処に
ネイタ　エオマンワ　　汝何処にゆきて
エエン　ホッパ　ルウェ　　我　を残せる
ネイタ　エアナ　　汝　何処に在る
モシㇼ　ピㇼカヤ　　汝がゐすむ国は国豊か
コタン　オイㇼカヤ　　村はゆたかなりや
オロ　ピㇼカヤ　　道は遠いか
オロ　エンキヤ　　それとも近いの！
シッ　ツイマヤ　　遠い所なの
シㇼ　エハンケヤ　　それとも近い所なの
オロ　エンチキ　　道がわるかったら

オロ　ナンケワ　　道をなぎ清めて
シッ　ツイマ　チキ　　遠い所なら
アマム　タㇰタㇰ　　おべんとうを握って
メシ　タㇰタㇰ
オロ　ツナシノ　　早く早く
エン　エカノクワ　　私をむかえに
エン　コレヤン　　来ておくれ

これは、シノッチャのなかでも、チシ・シノッチャ　Cis-sinoyca＝涕泣歌とかイヨハイオチシ Iyohay-ochis＝哀傷歌といわれ、女性が恋人を想ってうたい、薄幸をはかなんで涕泣した歌と言われている。（注6）

ここの「ハイタヤナ」がサケへで、わかりよくいえば、民謡に挿入されている「どっこいしょ」、「そーらん、そーらん」などの囃子に似ている。

大塚一美所有の昭和一〇（一九三五）年頃の白老地方のチシ・シノッチャを聞くと、「ハイタヤナ」なるサケへは、情景変化する頭に挿入されて歌われている。

この「ハイタヤナ」が、11節の手帳の「ウエペケレ」のようにローマ字でないのは、ローマ字が得意でない名寄の曾太郎を思いながら書いたからだろう。とくに終わりの三行には彼女の思いがこめられている。

オロ　ツナシノ　　　　早く早く
エン　エカノクワ　　　私をむかえに
エン　コレヤン　　　　来ておくれ

手紙では書けなかったろうが、チシ・シノッチャだから、彼女は言えたのだ。この想い——。

そんな詮索はすべきでないのだが……。

こうして一連のシノッチャをうたうとき、思いたくないが、彼女は心の深いところで、命の終焉の予感？　にふるえることがあったのでは——。

「ハイタヤナ」は、そのふるえる情感がいちばんたかまってきたときに口をついてでてきた詩ではないか。村井曾太郎に聞こえたろうか——。

もうひとつ『日誌帳』で気になる一ページがある。
それは、61Pだ。ここには書きかけてやめた次の半行がある。

淋しい淋しい何が淋

「何」で淋しくなってこれを書きかけたのか。
そして、どうして「淋」でペンが止まったのか。
ペンが止まってしまうほどの「淋」とは「何」だったのか。
このページ、残り16行は白いままだ。

松井マテアルが、「幸恵さんは死んだよ」と聞かされたのは佐々木長左衛門からだった。彼女は高等科一年になっていた。学校の帰り、小学校の前を通りかかったとき呼びとめられて聞かされた。教会はひっそりしていた。家では母たちは知っていた。コタンの人たちは、幸恵は「間もなく帰ってくる」と聞かされていたので寝耳に水の衝撃だった。この本の初めに触れたような、幸恵の妊娠説、半産説は、そんな衝撃のなかから生まれた無責任な風評だったろう。

マツが知らせを受けたのは電報であった。その日の夜中だったか、翌日だったか。金田一からだった。

七四歳の祖母・モナシノウクは孫の死を知って、「幸恵が死んだ、幸恵が死んだ」と、気が抜け、呆けたようになり、マツを心配させた。その様子を、マツは金田一京助にあてて書いている。

マツは幸恵の死後も金田一と文通していた。私が彼の書庫で見せてもらった彼宛のマツの書簡類は三七通あった。（注7）

手紙には、幸恵の死後、マツはリューマチが悪化、這いながらようやく起きて礼拝と日曜学校をこなしたりの様子が記してあり、幸恵の存在がマツにとっていかに大事であったかわかる。

そして、フチのモナシノウクは、幸恵のいなくなった旭川がきらいになり、（幸恵の「夢の秋」の）オカシベツに帰りたがっている、ユカラもオイナも謳うのが億劫になったようだ、天に召されるのが近いのでは、こんどは、フチにかわって私が先生に語ります、また、私は、近く教会をやめます、そしたら「大正十七年」にはナミと二人で幸恵の墓参りをしたい（大14・10・25の葉書）、などともある——。

マツが、近文から登別に帰ったのは昭和二（一九二七）年一〇月、明治三二年（一八九九）、二四歳で平取に赴任して以来、二八年ぶりであったが、故郷の空気を吸って「フチも畑に豆をとりにいく」（金田一への昭2・11の手紙）くらい、元気になった。

教会を退職したマツが、幸恵の墓参のため上京したのは昭和三年（一九二八）で、改元されなければ「大正十七年」だった。

マツが金田一のところにユーカラノートを送るようになるのは、このときの上京がきっかけだった。

モナシノウクは、幸恵が死んでから九年後の昭和六（一九三一）年四月一五日、八三歳の長寿をまっとうした。

また、幸恵とモナシノウクを見守っていたおば・マツが亡くなったのは昭和三六年四月六日、享年八六歳、ともに幸恵の分も長生きした、と思いたい。

もし、マツをみおくるなかに幸恵がいたとすれば五八歳になっていたはず――。

父・高吉はそれよりおくれて昭和三六年一〇月三〇日、七七歳で、母・ナミは昭和三九年五月三〇日、八五歳で、それぞれ、幸恵の何倍もの長い人生を終えた。

【本文注】

1　金成まつ筆録・金田一京助『アイヌ叙事詩　ユーカラ集　1　PON OINA（小伝）三省堂』「金成まつユーカラ集」解題（昭和34）

2　富樫利一「知里幸恵の背景を探る」（『国文学雑誌　65』藤女子大　平成13）

村井紀『南島イデオロギーの発生』（福武書店　1992）

3　北道邦彦編・訳『知里幸恵の神謡「ケソラプの神」「丹頂鶴の神」、三つの「この砂赤い赤い」』（2001）

4　知里真志保「アイヌに伝承される歌舞詞曲に関する調査研究」（『文化財委託研究報告II』文部省文化財保護委員会　昭35）。この基になったものは『アイヌの歌謡』第一集（NHK　昭23）に書かれている。なおこの二つは『知里真志保著作集2』に収録されている。

5　「夢の秋」は、中井三好著『知里幸恵　十九歳の遺言』（彩流社）では、「夢の話」になっているが、これは誤読である。また、幸恵の、『日誌帳』の、私が「連作」といっている一連に何カ所か「補綴」を加えているが、「補綴」は「補綴者」の言葉であって、変質された幸恵像が生まれることになる。それが引用されると（例、富樫利一『銀のしずく「思いのまま」知里幸恵の遺稿より』彩流社など）、間違った幸恵像が増幅される。

6　久保寺逸彦『アイヌの文学』（岩波新書　1977）

7　現在、私の手もとにある金田一春彦氏から許されてコピーした金田一京助あて書簡三七通の内訳は、葉書二七通、封書一〇通。彼女が旭川にいた昭和二年（一九二七）一〇月までのが一七通、帰郷してからが二〇通、おそらくこれらは彼女の書簡の一部であろうが、昭和三一年（一九五六）一二月二八日の日付けの葉書が最後である。半数近くはアイヌ語で、二人の人間的交流を考える上からも、また金田一のアイヌ語研究の過程に登場する人名がみられ、アイヌ研究史上、にも大事である。いずれ公刊できる機会がほしいものである。

あとがき

書き終えて久しぶりに疲労困憊している。すぐ前の一冊から六年ぶりだ。その間に私は、脊髄梗塞という、多くの人には馴染みのない、いわば脳梗塞が脊髄の途中で停まった、といえば分かりいい病気にやられて、いまも歩行困難と、両脚に不快な皮膚感が続いている。そのために、必要なときの移動がままならず、資料の探索にこれまでの何倍もの時間がかかった。そういう身体的故障があったので、この度の疲労困憊にはこれまでと違う爽快感がある。

この爽快感は、移動を助けてくれた妻・艶子と、不意に必要になった資料の探索では、石沢修(石狩市民図書館副館長)、清野良憲(登別市立図書館館長)、丸山洋子(旭川市中央図書館)の諸氏のご協力により得られたものであることをまず記してお礼を申し上げたい。

この本の執筆を思いたったのは、実はこの病気に襲われる前であった。

私は、知里幸恵評伝を前にも書いたことがある(「新潮選書」)。だからこの本は改稿ということもできる。しかし振り返ると私は、この稿の執筆には、新作以上のエネルギーを注いだ、と思っている。

最初に書いたのは一九七三年だったからもう三〇年になる。以来、知里幸恵という女性に関心を寄せる人が増えてきたことは嬉しいことである。が、一方ではこの本でも触れたように間違った幸恵像が伝えられるようにもなった。

私が、もう一度、彼女の生涯に挑戦したくなったのは、そのような彼女に対する誤伝、過った解釈を正しておきたかったことと、私自身にもあった、知里幸恵理解の不足を整理したかったからだった。

知里幸恵が、初めて津軽海峡を渡ったのは一九二二年だったが、そのとき彼女は、海を越えた異郷の地に、自分たちの文化であるアイヌ語地名をみる。その印象を彼女は両親あての手紙にしたためている。

また、金田一家に寄寓した彼女の、東京の風物の見聞記は、アイヌの目でみた当時の日本文化批評だ。

そういう視線は、考えてみると、江戸時代、和人の最上徳内とか松浦武四郎たちの蝦夷地紀行以上の重さを持っていた――。

恥ずかしいことに、私は、そこに気がつくのが遅すぎた。

そしてもう一つ、これはもっと大事なことであるとも思われるが、本文で何回も触れた、金成マツが、幸恵は、祖母・モナシノウクの「お婆ちゃんっ子」と言っていたことだ。これは、金田一京助が書いていてくれたのであるが、私は、何回もそれを読みながら、その意味の大事さを見過ごしていた。

「お婆ちゃんっ子」という言葉のなかに、私は、忘れていた、人間の文化、人間の知恵の継承の形を教えられた気がしている。

知里幸恵の『アイヌ神謡集』は、つまり知里幸恵という人は、モナシノウクとその関係を見守り育てた金成マツという二人の女性の珠玉の名品であったのだ。

そのことに気がつくのも私は遅かった。私は未熟だったのだ。私の恥ずかしいことの大きな一つである。

私はそういう恥を書きとめなければ、知里幸恵と立ち向かえないと思った。

私は、だから、この一冊を書き終えたいま、これまでの何倍も人間・知里幸恵と近くなったような気がしている。

私は、「お婆ちゃんっ子」という言葉をかみしめながら、昔の取材のテープやノートをひっくり返し、この稿をすすめてきた。

録音された声の主の多くは故人になっている。稿が終わって私は、その遺族の方々にテープをダヴインク、声をお返しして、取材協力へのお礼としている。

私はずっと以前、金田一春彦氏から、「伝記を書くときは、よくても悪くても返り血を浴びる覚悟が必要」と、いう意味のことを言われたことがあった。何冊かの私の著書の甘さに対する忠告だった、と思うが、最近はときどきこの言葉を思いだしている。

と、同時にこの本では、幸恵の弟の知里真志保の一九三四年、「ウェンベ・プリ？『旅と伝説』所載深瀬春一氏を駁す――」の末尾にあるこんな一節も頭に去来させていた。

（前略）他人の迷惑をも顧みず諒解すら得ずに、衆人環視の雑誌の上に知里家などといふ個人の家の名を濫りに挙げて、天下の注意をそこに集めようとさへあるに、それらの人々には最も悲しい思い出であるべき葬儀に就いて、曲筆を弄する事は断じて許されぬであらう。

私は、この二つを頭においてこの本を書いたつもりである。

この本の原稿の遅れは、はじめに書いた病気故だけでない。七五歳になった私の年齢にもある。当然の老人現象で、思考の回転速度、執筆速度が鈍ってきたのだ。これは、少年の新しい日々の初体験と同じだ。

次の方がたにお世話になった。深くお礼申しあげます。（五十音順・敬称略）

伊藤稔（札幌市住）、植松誠（日本聖公会北海道教区主教）、大塚一美（旭川市住）、佐々木豊（旭川市住）、鈴木邦輝（名寄市北国博物館）、竹内渉（(財)アイヌ文化振興・研究推進機構）、中本ムツ子（千歳

市住）、仁多見巌（元札幌日大高校教頭）、福島昭午（『人間像』同人）、古川善盛（『譚』同人）、味噌恵子（カシオテクノ（株））、横山むつみ（登別市住）

またさらに言えば、私の脊髄梗塞は、友人・小池鎮穆氏の環境満点の洞爺温泉病院での数度の有効なリハビリ入院で回復、それがこの稿の脱稿に繋がったことも謝辞に付記しておきたい。

最後に、この本の上梓、編集で労を頂いた友人、草風館・内川千裕氏に感謝いたします。

二〇〇二年八月

藤本　英夫

資料1 『アイヌ神謡集』(大12・8郷土研究社)

Kamuichikap kamui yaieyukar,
"Shirokanipe ranran pishkan."

"Shirokanipe ranran pishkan, konkanipe
ranran pishkan" arian rekpo chiki kane
petesoro sapash aine, ainukotan enkashike
chikush kor shichorpokun inkarash ko
teeta wenkur tane nishpa ne, teeta nishpa
tane wenkur ne kotom shiran.
Atuiteksam ta ainuhekattar akshinotponku[1]
akshinotponai euweshinot korokai.
"Shirokanipe ranran pishkan,
konkanipe ranran pishkan" arian rekpo
chiki kane hekachiutar enkashike
chikush awa, unchorpoke ehoyuppa
ene hawokai: —
"Pirka chikappo! kamui chikappo!
Keke hetak, akash wa toan chikappo
kamui chikappo tukan wa ankur, hoshkiukkur
sonno rametok shino chipapa ne ruwe tapan"
hawokai kane, teeta wenkur tane nishpa nep
poutari, konkani ponku konkani ponai

(1) 昔は男の子が少し大きくなると，小さい弓矢を作つて与へます。
子供はそれで樹木や鳥などを的に射て遊び，知らずしらずの中に

梟の神の自ら歌つた謡
「銀の滴降る降るまはりに」

「銀の滴降る降るまはりに，金の滴
降る降るまはりに。」と云ふ歌を私は歌ひながら
流に沿つて下り，人間の村の上を
通りながら下を眺めると
昔の貧乏人が今お金持になつてゐて，昔のお金持が
今の貧乏人になつてゐる様です。
海辺に人間の子供たちがおもちやの小弓に
おもちやの小矢をもつてあそんで居ります。
「銀の滴降る降るまはりに
金の滴降る降るまはりに。」といふ歌を
歌ひながら子供等の上を
通りますと，(子供等は) 私の下を走りながら
云ふことには，
「美い鳥！神様の鳥！
さあ，矢を射てあの鳥
神様の鳥を射当てたものは，一ばんさきに取つた者
はほんたうの勇者ほんたうの強者だぞ。」
云ひながら，昔貧乏人で今お金持になつてる者の
子供等は，金の小弓に金の小矢を

弓矢の術に上達します。
ak……は弓術 shinot は遊戯 ponai は小矢。

uweunupa untukan ko, konkani ponai
shichorpok chikushte shienka chikushte,
rapokita, hekachiutar tumukeheta
shine hekachi yayan ponku yayan ponai
ukoani iyeutanne, chinukar chiki
wenkur poho ne kotomno imi ka wano
akoeraman. Kipnekorka shiktumorke[2]
chiuwante ko, nishpasani nekotomno, shinnai-
chikapne iyeutanne. Anihi nakka yayan ponku
yayan ponai uweunu wa unramante ko,
teeta wenkur tane nishpanep poutari euminare
ene hawokai: —
"Achikara[3] ta wenkur hekachi
toan chikappo kamui chikappo aokaiutar
akor konkaniai ka somouk[4] ko, enepkoran
wenkur hekachi kor yayanai muninchikuniai
toan chikappo kamui chikappo shinoshino
uk nankor wa."
hawokai kane wenkur hekachi ukooterke
ukokikkik. Kipnekorka wenkur hekachi
senne ponno ekottanu uneyoko.
Shirki chiki ihomakeutum chiyaikore.

(2) shiktumorke……眼つき。
人の素性を知らうと思ふ時は，その眼を見ると一ばんよくわかると
申しまして，少しキヨロキヨロしたりすると叱られます。

番へて私を射ますと，金の小矢を
私は下を通したり上を通したりしました。
其の中に，子供等の中に
一人の子供がたゞの (木製の) 小弓にたゞの小矢
を持つて仲間にはいつてゐます。私はそれを見ると
貧乏人の子らしく，着物でも
それがわかります。けれどもその眼色を
よく見ると，えらい人の子孫らしく，一人変り
者になつて仲間入りをしてゐます。自分もたゞの小弓に
たゞの小矢を番へて私をねらひますと，
昔貧乏人で今金持の子供等は大笑ひをして
云ふには，
「あらをかしや貧乏の子
あの鳥神様の鳥は私たちの
金の小矢でもお取りにならないものを，お前の様な
貧乏な子のたゞの矢腐れ木の矢を
あの鳥神様の鳥がよくよく
取るだらうよ。」
と云つて，貧しい子を足蹴にしたり
たゝいたりします。けれども貧乏な子は
ちつとも構はず私をねらつてゐます。
私はそのさまを見ると，大層不憫に思ひました。

(3) achikara……(汚い) といふ意味。
(4) 鳥やけものが人に射落されるのは，人の作つた矢が欲しいので，その矢を取るのだと言ひます。

資料2

「A様」

75P

1 A様　初秋の風が青葉を
2 渡ってそよ〳〵と梢々を揺るがせる
3 頃になりました。
4 同じ学窓に学び雪まだ
5 消えぬ　消えやらぬ三月に涙して
6 お別れ致しましてから早や三年
7 秋はこれで三度訪れ
8 ます。其後級友の
9 どなたにも殆どおたよりを
10 承ったこともございませぬが
11 定めし御壮健で幸多き
12 日々をお送りの事と存上げ
13 ます。A様、かく申し上げる
14 私を貴女はたやすく
15 貴女の名はたやすく
16 貴女の御記憶にあらはれ
17 出されませう。何故なら
18 私はほんとうに学校
19 でも特別な生活

72P

1 生徒でしたから。
2 在学三ヶ年間、私はどなた
3 ともしんみりとした友情
4 を持って語りあったことは
5 ございませんでした。だから
6 卒業後の今は学友のう
7 ちから真の知己という
8 人を私は持ちません。
9 雨雪のちら〳〵降る日、
10 雨がそぼ〳〵と降る朝、
11 私は一人教室の

12 唾や気□
13 それは当前のこ□
14 あたまへりの事です。貴女方
15 には何うしても私といふものゝ
16 心持ちわかっていたゞけなかった
17 のです。そして私も貴女方
18 に親しみを持って私の心持を
19 知っていたゞかうとお話申げる
73P
1 ことが出来なかったのです。
2 ですから貴女方と私の間には目
3 に見えない厚い壁が築か
4 れてゐたことを貴女方は御存
5 じなかったでありませう。
6 A様　何卒しばらくおきき
7 下さいませ。私の生ひたち
8 さう申しましても、別に世の人と
9 変ったことありませんでした
10 □の母　□の母の港の　温い□の母
11 のふところに育まれ、
12 五つ六つの頃は年老ひた
13 祖母とたった二人で山間の
14 畑にすみ、七つの時旭川の
15 伯母の所へ参りまして、
16 御存じ近文部落アイヌ
17 小学校に学びそこで
18 尋常小学科をへて
19 くやしい…さう思う私の
20 生活は実に学校

資料3
「A2」

70P
1　悠悠遠
2　永遠に消え□いた
3　小さいものでありましたらう
4　はびこった草□木も今日は何処に
5　生を□うしてゐるのか
6　残滓のやうな
7　知らで隔ての深い
8　幽幽ひろく遡って
9　つた々々とのぼる
10　私は今ヲカチペ□のほとりに
11　ゐまし□　幽幻夢思
12　幽遠幽幼夢
13　その昔
14　そのかみの子孫たちの上に新しく
15　も植えられた習志野の花には
16　自らなる美しさが残って
17　ゐました　葡萄を採りに
18　来てゐました　真珠や
19　瑠璃で飾りたて
20　我や□しき
21　淋しさにふと仰ぎ見る

71P
1　奥ゆかし　□やけし　はるけし
2　青空に浮べ雲の
3　□□出て君もしる賑はひは
4　御代の栄ゆるしるしなり　□□み
5　はろけし
6　天津乙女の天降り　□げらし　と
7　いふ湖は今も□□　秋の空
8　たえまなく　はなるるあ□し
9　たつのれど　□□□□け□

10 □さ　う畑□ものぞ
11 うなゐの秋　秋の空
12 たんていすべて□に似て
13 花の都は消えぬ
14 まぼろし！
15 まぼろし　しげ□れば
16 まも　まも　まも　まぼろし
17 まぼろし消えゆきて
18 □□□□□しきの
19 白き朝
20 白き暁の光　堪えせせぬ　日□
21 やみせぬ
22 しけれ
23 日の光

68P
1 香ゆしき草花の　清し
2 清し海辺の花の枝が
3 命はろけし天地の□に
4 堪えけらし海はるか
5 あはれいくその時をべし
6 此の老木に尋ねばや
7 悠久なヲカチペを通って
8 山青み、海も青い海原が
9 一目に見渡されて
10 美しなんど云ふばかりなし
11 海路はるけき沖の島
12 其処に我君
13 □に春よ暫し□れと
14 泣く音しのばす
15 哀れ乙女子
16 ただ一本の夜になれ
17 さらば夜な夜な月姫が
18 汝と語らん　然り□□□

69P

1 親にそむきし　そのむくひ
2 月なき夜のくらやみに
3 月木土神はろかに
4 土の魔神と共に泣け
5 涙の限り泣けよとぞ
6 我大父は仰せける
7
8 大神の子に生れ
9 女神のならひ□忘れ
10 賤しきしづが男の子に
11 思ひをそめしあさましさ
12 さはさりながら花よ見よ
13 君が御代とて無きものを
14 うばゆりの花
15 鱒の挿話とぞ云う
16 これをし鱒の話といふなる

資料4
「A3」

39P
1 自分を顧る時あまりに
2 自分が醜ひのでつひ〳〵〳〵
3 何うしても
4 過去幾千年の昔を偲び追憶
5 しては涙ぐみ
6 神は何故虐虐に似た
7 後めたい気持ちになるのが常
8 でし田　再□最□□
9 肉にもまれ花に□まれ、
10 何卒知らぬ
11 孤　狐独の感じはひしひしと
12 せまって涙なしにはゐられないの
13 です　美しい天女のやうな
14 何の苦もなく美しい軽快

15 な姿でピンポンにテニスにと
16 あそぶ□沈みがちで
17 上眼で人を見る様な
18 事が多かった

40P
1 また知子さんが□□さう云って
2 私はそれを知って居ました
3 過去幾千年の夢に
4 歴史を顧みる時
5 国は滅び　また
6 興り　また　またほろびる
7 神は何故に敗残の
8 何□まで苦しめ給ふの
9 でせう！　何故に何時まで　神をうらみ
10 人を呪うほど私には
11 反抗して神を
12 うらみ人を呪うほど
13 私たちの心は荒みきって
14 ゐるのでした

41P
1 　世を呪
2 神をうらみ
3 多く
4 わづかに
5 大民族がわづかに一萬五六千
6 の小数になって、北海の島の
7 ところどころに
8 存在して
9 るのです。
10 いいじゃないの、貴女が
11 それだけ勉強してゐる
12 のだもの…誰だって貴女を
13 アイヌだなんて思ひやしないわ、
14 何を悲観してるのさ、ポンと

15 背をたたいては貴女が慰めて
16 下さいました。然し、貴女は
17 まだ私の心持がおわかり
18 にならなかったです。
19 神は病を与え給わる
（次の42Pに続くかは不明）

42P
1 何故何故神は私に
2 斯様なものを与え給ふ
3 のか知らぬまに
4 私は黙って黙って
5 □見るのが
6 知らず□の□々の
7 □より
8 秋風がひょう〱
9 ちょうど東京のやもりが
10 月の夜
11 青白い葉裏を見せる時
12 青い葉がくれにチラ〱する
13 軒燈の美しさに見とれて
14 ゐたやもりがつひに身のみに
15 くさも忘れて電燈の
16 這いあがって熱に
17 焼□かされてみにくい骸を
18 残すしてるのを見ましたが
19 今の私たちアイヌの女は

43P
1 ちょうど同じやうなことを
2 します
3 さもないものは世の片隅の
4 薄暗い所にすまって
5 美しくも尊い□代の光に
6 幻惑されて　やもりが白い
7 葉裏を□□□みにくい骸を

8　残すやうに　ほろびてゆき
9　ます

このページには、横書きで次のようなアイヌ語がある。（和訳は大塚一美）

atoid ronnu　ズタズタに　殺す
ranma　いつも
korachi　のように　の如く
atek　私の手
aeshi　親
shinai　違う　そうじゃない
mompok　下に
tushimak kane　いそがす　ように
kiaineno　したあげくに
ukon rorunpe　互いの　戦争

資料5

ハイタヤナ（1、2段目は知里幸恵ノートのまま、3段目は大塚一美訳）

ハイタヤナ	おお	ああ　情けない
クトㇾ　シポ	我　妹子よ	我が　いとしき娘
クコㇿ　オペㇾポ	我　愛してめよ	私の　孫娘
ネイタ　エアナ	おんみ　何処に	どこに　お前はいる
ネイタ　エオマンワ	汝何処にゆきて	どこに　お前は行って
エエン　ホッパ　ルウェ	我　を残せる	私を　残して
ネイタ　エアナ	汝　何処に在る	どこに　お前はいる
モシリ　ピㇼカヤ	汝がゐすむ国は国豊か	その国は　豊か
コタン　オイㇼカヤ	村はゆたかなりや	その街は　豊か
オロ　ピㇼカヤ	道は遠いか	そこは　立派か
オロ　エンキヤ	それとも近いの！	そこは　貧しいか
シッ　ツイマヤ	遠い所なの	その地は　遠いのか
シㇼ　エハンケヤ	それとも近い所なの	その地は　近いのか
オロ　エンチキ	道がわるかったら	そこが　貧しいならば

オロ ナンケワ
シッ ツイマ チキ
アマム タㇰタㇰ
メシ タㇰタㇰ
オロ ツナシノ
エン エカノクワ
エン コレヤン

道をなぎ清めて
遠い所なら
おべんとうを握って

早く早く
私をむかえに
来ておくれ

そこへ 道を刈払って
そこが 全く遠いならば
おべんとうを 握って
米飯を 握って
本当に さっさと
私を 迎えに来て
来て おくれ

資料6
「アイヌ神謡集」序

其の昔此の広い北海道は、私たちの先祖の自由な天地でありました。天真爛漫な稚児の様に、美しい自然に抱擁されてのんびりと楽しく生活をしてゐた彼等は、真に自然の寵児、何と云ふ幸福な人たちであつたでせう。

冬の陸には林野をおほふ深雪を蹴つて、天地を凍らす寒気を物ともせず山又山をふみ越えて熊を狩り、夏の海には涼風泳ぐみどりの波、白い鴎の歌を友に木の葉の様な小舟を浮べてひねもす魚を漁り、花咲く春は軟かな陽の光を浴びて、永久に囀づる小鳥と共に歌ひ暮して蕗とり蓬摘み、紅葉の秋は野分に穂揃ふすすきをわけて、宵まで鮭とる篝も消え、谷間に友呼ぶ鹿の音を外に、円かな月に夢を結ぶ。嗚呼何といふ楽しい生活でせう。平和の境、そも今は昔、夢は破れて幾十年、此の地は急速な変転をなし、山野は村に、村は町にと次第々々に開けゆく。

太古ながらの自然の姿も何時の間にか影薄れて野辺に山辺に嬉々として暮してゐた多くの民の行方も又何処。僅かに残る私たち同族は、進みゆく世のさまにただ驚きの眼をみはるばかり。而も其の眼からは一挙一動宗教的観念に支配されてゐた昔の人の美しい魂の輝きは失はれて、不安に充ち不平に燃え、鈍りくらんで行手も見わかず、よその御慈悲にすがらねばならぬ、あさましい姿、お亡びゆくもの……それは今の私たちの名、何といふ悲しい名前を私たちは持つてゐるのでせう。

其の昔、幸福な私たちの先祖は、自分の此の郷土が末にかうした惨めなありさまに変らうなどとは、露ほども想像し得なかつたのでありませう。

時は絶えず流れる、世は限りなく進展してゆく。激しい競争場裡に敗残の醜をさらしてゐる、今の私たちの中からも、いつかは、二人三人でも強いものが出て来たら、進みゆく世と歩をならべる日も、やがては来ませう。それはほんたうに私たちの切なる望み、明暮祈つてゐる事で御座います。けれど……愛する私たちの先祖が起伏す日頃互に意を通ずる為に用ひた多くの言語、言い古し、残し伝へた多くの美しい言葉、それらのものもみんな果敢なく、亡びゆく弱いものと共に消失せてしまふのでせうか。おおそれはあまりにいたましい名残惜しい事で御座います。

アイヌに生れアイヌ語の中に生ひたつた私は、雨の宵雪の夜、暇ある毎に打集ふて私たちの先祖が語り興じたいろいろな物語の中極く小さな話の一つ二つを拙ない筆に書連ねました。

私たちを知つて下さる多くの方に読んでいただく事が出来ますならば、私は、私たちの同族祖先と共にほんたうに無限の喜び、夢上の幸福に存じます。

大正十一年三月一日

知里幸恵

資料7
本間　重より幸恵あて手紙

知里さん御病気なそうですがその後いかがでいらしゃいますか。

いつも森さんからあなたの御様子をうかがって居りました。一度御たよりしやうと思って居りましたが、何にせ退職□□□色々の用事がありましたのでつひ失礼いたして居りました。病気のときには心を落ちつけて出来るだけの御養生をなさらなければいけません。からだがよわければ決して自分のなすべき事が出来ませんから。あたへられた自分の才能のすべてを発揮すると云う事は尊い事と思います。いろ〻話して人と争ふためではありません。名誉をうるためでもありません。金銭をうるためでもありません
人間の使命であるがためにです。私□その意味で出来るだけの事をするつもりです。たとへ人に笑はれやうが、けなされやうが。そしてと□□□□□に劣ったものであらうか、神よりあたへられた全部を表す、それでよいのです。

あなたもどうぞ一日も早く達者になって下さい。

当地はもう梅がさき□□□て居ります。やはりこちらはあったかで御座います。□□では今日はこれ□□にして又のち□□□ませう。

五月三日

本間　重

知里幸恵様

資料８

知里なみから金成マツあて葉書　大正７年７月30日

（全文ローマ字横書き、一部にアイヌ語まじり）

1　コマルネ　habo（母）コノヨーニ　アシタオキタラ　ドースルノデ

2　シヨ　カワイソニ　メモユルミ　モウミミ　バカリタノシ

3　ミニ　ナッテイル　モノ　ヨーヨー　ashpa（つんぼ）セバ　タイヘンデス

4　カラ　ドウゾ　イイオイシャサマニ　ヨクナルマデ　カケ

5　テクダサイマセ　アトカラ　ワタシモ　ika oshma（万一のときは急いで）

6　スルカラネ　ユキエ31ニチニデモ　クルカト　ズイブン

7　マッタケ　ishirikuran（がっかり）　３日ニクルナンテ

8　マチドオシネ　オトトイ　カムイワッカノ　カヤノサン

9　キテ　ナカロノ　マヨ　アサヒガワニイル　カンナリ

10　サン　モラウ　ハナシダトユウカラ　ワタシ　チッ

11　トモシラナカッタ　イクツニナルノデス

12　カト　ユッタラ　50ニチグライニナルノダ　ト　ユッタ

13　ノデ　ワタシモ　ビックリシテ　トビアガッタ　グ

14　ライデスヨ　モシ　ホントデ　アッタラ　オヤメナサイ

15　タダ　コロスニ　モラウヨナ　モノデスヨ

16　イヂガワルイヨ　isaure（軽率な）　ramu（考え）　シテ　モラッテワ

17　アト　クヤミスルヨ　ワタシ　マル１ツ　コエタ

18　モノ　モラッテサイモ　コンナ　ツミツクル

19　モノ　トテモ　ジブンデ　ウンダ　コドモノ　ハ
20　ナシデナイヨ　シゴト　ナンカ　ナンニモ
21　デキナイグライデスヨ　イマママタ　ハラク
22　ダリシテ　ヨワッテイルヨ　ヨーヨー　ワルイバ
23　アス　イシャクルヒダカラ　ミテモラウト　オモ
24　ッテイルヨ　カネノカカルコトッタラ　ハシタ
25　ハナシデナイヨ　ユキエクルトキ　モシ
26　irup(うばゆりの澱粉)　アッタラ　スコシクダサイ　オネガイデス
27　イイネ　イモヲ　ユニ(塩ゆで)　スルクライ　ナッタノデスネ
28　コッチデモ　ハヤクマイタヒトラワ　ohuwe(実の多く入った汁)
29　シテイル　ハナシデス　ワタシワ　６ガツ４カ
30　ニマイタノダカラ　マダ　イツカ　クエルカ　ワカ
31　リマセン　マシホノ　キンタマ　インキンタムシ
32　キノカラ　イシャニ　イッテオリマス　アキレタヨ
33　コメノ　タカイコト　ヨノナカ　ドーナルノデス
34　ミヨ ari（と）ayep（私の言ったこと）モ　カバフト　イッテ　シンダト　yaiki(思う)
35　kakapo（姉）モ　ハクランカイニ　タノマレテ　イクソー
36　デス　ウメ　コナイヨ　キット　ユキエ ek（来る）　rapoki（とき）
37　クルツモリヨ　habo（母）ヤ　ユキエ　イタリマセン
38　ヨロシク　アンバイシ　ナサイ　マセ

（読み下し、アイヌ語訳は大塚一美）

資料9

夢の秋

語りつたへたフチの声

45P

永遠につきせぬ生の限りを
絶えず〳〵同じあゆみに進みゆく
ヲカチペ川の
ヲカチペツ
ウカウチベツの流れの調べ
時は流れるたえず流れる
時、時は流れて時は流れて
十いく十いくとせ、ヲカチペの山の畑
は其の後何うなつたかわかりません
昔のままに小鳥が啼いてる
栗や柳が昔のままのすがたで
ゐるか何うかそれとも

46P
1 時はたえず流
2 たえず流れる時のまに〱
3
4 足柄山の夜半の月
5 空澄渡る笙の音に
6 草木も耳をそばだてて
7 谷の真□れ響き合う
8 新羅三郎□□に
9 更に秘曲を吹添へて
10 汝が父より伝はりし
11 秘曲はこれに□のたり
12
13 精巧精巧巧な夜の空□
14 静かに〱暮れてゆきます
15 朝に栗□豆が実をば
16 私は静かに〱しずかに静
17 かに暮れてゆきました

18　不思議な思ひを□雲に
19　はせて□度□□□

47P
1　今宵を名残りに西と東
2　振返り振返る。山があり、
3　坂があり
4　□

48P
3　雪が雲間を洩れる雪の
4　朝を私は黙って
5　見るのが常でした
?　洩れる月明
?　菊の
?　澄みゆきたる
?　澄む月

（注・何回も書き込み、心の揺らぎがあったのか、行分けが難しく、判読も困難。「ヲカチペ」「森」「怒る」

「死」などが不規則に書かれている。）

49P
1　霜ふる夜□□
2　□の

58P
1　ヂーぃと耳に響くヲカチペの
2　小川のいつまでもいつまでも絶えず（注・小川にポンペッとルビあり）
3　に時を刻むそのままに
4　私の耳に響いてくる音律は
5　ヲカチペ川のサラ〳〵〳〵とのこ
6　りくる
7　故　ヲカチペの山　ヲカチペの川
8　流れる川は
9　ヲカチペの山

資料10
豊栄小学校創立一〇周年記念祝辞

(1)月日の小車めぐりめぐりて、我等がなつかしき本校は、生れてここに早や十歳、今日其の記念式を挙行さる。嗚呼、芽出たきかな。栄ある此の校の卒業生としてめでたき此の式に列する事を得る我等の光栄またこれに過ぐるものなし。何にたとへん。此の嬉しさ、ただただ感激のみ。
(2)顧れば十年の昔、未だ本校の創立せられざりし時は此の地いまだ開けずして雑草茫々、足を入るゝ所なく、丈なす叢には狐兎の遊自在にして、きこゆるものはただあやしき鳥のたぐひの叫び声のみなりき。此処に我校は建築せられて、当時、北門小学校に学びたりし我等一同の嬉々として新校舎に集い、開校の式を挙げたりしは、あたかも明治四十三年本月本日なりき。
　爾来、歴代校長先生、並びに諸先生には我等を慈しみ給う事、子の如く、善良なる範を部落にたれ給い、学校は常に部落の中心となり来たり、雑草しげれる叢はかはりて運動場、花園、畑となり、狐兎の遊ぶ音、くわい鳥のさけびは、うるはしき唱歌の声、楽しき遊戯の音とかはりぬ。
(3)恵みの露深き学びの庭に、何不自由なく育ぐくまれて春風秋雨幾星霜、月日を経る毎に同窓の友のいよゝ数まして、年毎に祝う記念の此の日も回を重ねてこゝに十度、共にまとゐてことほぐ事のたのしさよ。
(4)今や欧州の大戦は終りを告げて、世は社会問題、新思想など流行し、世界の生存競争は益々激しきを加ふ。此の時に当りて悲しくも我等アイヌ種族は、古き習慣にとらはれて優じゅう不断、此の競争に敗れて、やゝもすれば悲惨なる境遇におちいらんとす。かかる時にも係らず、我等はここに身も心も平和に安全にこの喜びを得る事、あゝ何等の幸福ぞ。これまさに、畏くも我天皇陛下の常に我等をあはれませ給う大聖心、御稜威のいたすところと、有難き極みに、たゞたゞ感泣の外なく、また区長の□をはじめ数多の御同情によるものと、深く感謝の念に堪へざる次第なり。
(5)思うに此れより、我種族の進化発展の先覚者としての責任はかかって我等本校出身者の双肩にあり。

これより後益々奮励努力、母校にて授けられし学芸を実地に応用し、旧来の弊習をすてゝ進化につとめ、職務にいそしみ、相和し相助けて善良なる気風をつくり、部落の開発につとめ、我母校の名を挙げ、ひいては本道我同胞の先覚者として模範を示し、世界五大強国文明国の一たる我大日本帝国国民としてはずかしからざる者となり、上畏くも優渥なる聖恩に対しまつり、また常に御同情、御助力を賜う諸□に幾分の御報恩につとむべく、今日の此の芽出たき式上に於てかたく誓い、其の一日も早く実現せん事に今日より努力せん覚悟なり。

嗚呼、懐かしき母校よ、今後、益々栄ゆく御代とともに、千代八千代、礎かたくさかゆかん事を卒業生一同に代り、思う一ふしをのべて祝辞となす。

（注）6行目の「当時北門小学校に学びたりし…」幸恵たちアイヌ児童が最初入学した上川第三尋常小学校は　大正七年、「北門小学校」に改称された。

資料11
高等科一年の手紙

拝啓しばらく御無沙汰いたしました。お父上の御病気は大分よくなったときいて私等ははじめて安心いたしました。秋も早やたけなはとなりまして、四方の山は錦を着飾ってだんだん涼しうなりましたからきっと病気もよくなるでせうと私も昼夜祈って居ります。母上様も今年は御健康の由、いかもいいあんばいに沢山とれておあしもたくさんとれればいいと願って居ります。私も無事にて勉強をして居りますから御安心下さいませ。

新聞でも御存じの聯合共進会は八日から開かれました。教育展覧会も開かれました。区内各学校、上川支庁管内の学芸品が並べてありますからまことにりっぱだそうです。私も二三日のうちに行って見ます。私の綴方も出て居ます。

昨日は区内小学校聯合音楽会がひらかれました。私は第五アイヌ学校の卒業生となってオルガン独奏をやりましたが意外にうまく出来ました。他の学校から出た生徒達は上手に唱歌をうたひましたが私等のアイヌ生徒も余程上手でした。幾萬の見物人の前でするのでずいぶんほねおれたでせう。私なんか間違わないで弾いてしまってみんなに手をたたいてほめられて、ほっとしましたわ。かういえば、いかにもうまさうにきこへませうが実はハボから見たら下手なんで御座いませう。いつかお話した東京庁立体操音楽女学校を卒業して旭川高等女学校の唱歌教師をしている鈴木先生の独唱もききました。旭川に一人の先生の声をきいたのですから余程光栄だといはなければならないのだそうです。それで閉会でした。でも面白うございましたよ。男先生の尺八を聞いてゐたら、もうはらわたにしみこむやうな気がしますの。イレスキおぢさんのふゑより少しよかったやうでした。

これで音楽会のはなしはよしませう。

此の間から集めた砂糖一樽、お父上に差上げやうと思ってゐましたところ父上様には悪いと聞いて仕方がありませんから、残念ながら高央と真志保におくりますから父上のかはりとなって食べて下さい。キリブもらったからハボにあげやうと思って砂糖と一しょにしまっておいたら、ふち知らずに戸棚をあけておいたので猫がたべかけました。それをまたふちが見つけてキリブをもって来てまたアクの中へまちがって、おとしてしまったの。それでとうとうだめになってしまったのですもの。また見つけてあげませう。

さらばさらば。父上様お身をお大切に早くなおって下さい。ハボも大事にいかさきして下さい。

さよなら

暮れゆくまどにて

母
父
上さま

資料12
近文便り

金成まつ

神の御恵ぐに《ママ》より且つ皆様の御熱心なる、努力に依り我がアイヌ伝道団が日増盛大になり行く事を伺ひ、真に嬉しく思ひます。殊にウタリグスに依り皆様の真心よりの御教導を、深く感謝いたします。尚併せて今後増々発展することを、お祈り申上げます、次に私共の部落も、お恵みの許に少《小》さいながらも、日曜学校を開いて居りますが、或時は多勢、或時は少勢と云ふ様な状態です。尚大人の信者も四五名御座いますが、何れも神の聖語を喜んで聞いて居ります。

扨て皆様の御記憶に尚新しき事でございませうが、去る七月二十四日今尚思ひ出すも憤慨に絶えませんが、当部落の若い婦人達が悪しき行為があつたとて、遂ひ警察の手に挙られました。私、初め当部落民三百の人々は誰一人驚かない者は無かつたでせふ。其後の諸新聞紙上に掲載された、罪悪の数々読むだ[に]嫌しき記事に依つて、世間一般に照会されたのであります。当時の私は腹が立つやら恥しいやらとても、言葉にも筆にも示わす事が出来ません程で、此の小さい胸をどれ程、痛めしかは皆様もお察し下さる事が出来るで御座いませう。其後聞いたり調べたりして事実である事は、判明致しましたが、彼の新聞の記事全部は事実ではありません其の十分の七は膨張的を《な》書振りで謂所《ママ》アイヌの悪事を思ふ存分、世間に発表してやれと云はぬばかりの書振りであります。私も一緒に罪を犯した様な、感じが致しました。父上と思ふバチラーニシパに対し、且つ皆様に対し、何とも申訳が御座いません程、恥かしき思ひに悩まされ自分の働きの不足と、それに附け不自由な体を思ひ、悲しく思ひました。而し絶えず其婦人等の為に、祈りましたが、六十日も未決の中に苦しんだ哀れな四名の姉妹は一寸の保釈で部落に帰つて来ましたが、其内の一人の姉妹は早速私の所に来たり、自分の犯せる罪の数々を、全部打明けて真心よりの悔悟を致し共に、神の御前に跪づき真心より悔ひ、且つ今後正直に、神のお為め、ウタリの為め熱心に力を尽し得る御力の与へらるゝ事を祈りました。そして私共の心の内に神に（は）確かに、此の罪を、お赦し下さる事を確心致しました。私共は神の聖前には罪の大小に関せず罪人です、新聞に何と書かれ様が自分の罪を犯せし事を隠蔽して置くよりは増しです。真心よりの悔悟は神は赦して下さいます事を信じます。此の事件が原因をして当部落の人々は恥と云ふ事を、深く知る様になりました。それにつれ青年の自覚を見るに至り彼等は部落を、よりよく清くして行き度いと云ふ活動を初《ママ》めて居ります。何卒永くかくあれと祈つて居ります。又本年の八月の末頃より救生《ママ》軍の先生方が、お二人程一週間に一回づゝ御出くださるために青年達も真面目に神の教へに耳傾ける様になり、その為めか最近は好き噂を、耳にして居ります。誠に感謝して居ります、尚増々ウタリが真心から神に近付く事を喜ぶ様になり、アイヌ伝道団を助けて心を一つにして世を渡る事を祈つて居ります。尚私の小さき働きの上に又当部落のため、主の恵みある事をお祈りください。

× × × ×

昔イエス様聖殿にて教へをなして居ります時に姦淫を為る時執らへ（ママ）し、一婦人を学者パリサイの人これを主の所に曳き来り。群集の中に置きて云ふには、師よ此の婦は姦淫を為をる時、そのまゝ執られし者であります。此の如き者は石にて撃殺すべし、とモーセ律法の中に命じたり。爾は如何に言ふやと問ひました、これは主を試して訟の由を引出さんと欲ひたるのであります。此の時主は身を屈め指にて地に何か、お書きになつて居りましたが、彼等の問ひが、余り切なるため起つて、彼等にいゝけるは「爾曹《(等)》のうち罪なき者まづ彼を石にて撃べし」とまた身を屈めて地に画きなされました。これを聞えた彼等も其良心に責られ老者をはじめ少者まで一人々々出往て、だゝイエス様と其婦が集りの中に立つて居るのみです《(し)》た。主は起給ひて「婦よ爾を訟し者は何処へ往きしや爾の罪を定める者なき乎」と問れました、婦答へて「主よ誰もなし」主又彼に曰たまふて「我も爾の罪を定めず往きて再び罪を犯す勿れ」と愛に満ちたお言葉を給ひし事が、聖書に示されて御座います何たる有難き聖言ではありませうか。パリサイの人、学者のみならず我々一人々々皆罪人です、何人も罪人を笑ふ資格も、審判価値もございませんされど愛に富める神は、私共の真心よりの悔悟、懺悔の涙を哀れみ赦し給ふ事を深く信じます。而して「再び罪を犯す勿れ」と励まして下さいます。今この姉妹は神の御前に涙と共に懺悔し再び罪を犯さないことを誓ひました。私は此の婦人は昔し七ツ悪鬼を追出された、マグダタ《(ラ)》のマリアの様に聖前に忠実であると信じます。而して彼は皆様へ涙ら《(な)》がら、お手紙を書きました。何卒此の姉妹並に同じ境遇に悔悟の涙に暮れて居る四名の姉妹の赦れんため御祈り下さい。

　ミナサン、私ハ、シンヂャデアリナガラ、アクマニサソハレテ、ナガイアイダ、カミサマノマヘニ、ミナサンヲ、ダマシテヲリマシタ。ケレドモ、イマカミサマノオカゲサマデ、ソノワルイコトガ、スツカリアラワレテ、大イナルバツヲ、ウケマシタ。ワタクシハ、ホントウニクイアラタメテ、カミサマニ、オワビシマシテホントウニ、ユルサレタコトヲ、カンヂマシタコレカラウマレカワツテ、アタラシイヒトニナツテ、一ショウケンメイ、カミサマノタメニ、ヨイハタラキヲ、スルカクゴデアリマス。ドウカミナサマ、ワタクシノタメニ、ミナサマニ大キナハジヲ、カケマシタコトヲ、ワタクシハココロカラ、カミサマノオンマヘニ、オワビシマスカラ、オユルシクダサイマセ。

ミ　ナ　サ　マ　ニ

〇〇〇〇

（原文のまま・総ルビ）

資料13
金成マツから金田一京助あて手紙

先生永い事御無沙汰いたしま志た。何卒平にお許し下さいませ。私は何時も心の中に先生方をありがたいありがたいと思って居りながら一言も申上げず　全く申訳も御座いません。下手字をこたこた書いてかえって御うるさいでせうと思ったり、今日は思切って下手字を以て一寸丈　言わせて戴きます。神様のお恵みにより、大正七年初めて先生にお目にかかり、さてそれから今迄お世話になり、今年五月初めから幸恵、先生の御元に参りまして万事お世話になり、本当に生みの両親以上になつく先生と奥様から沢山沢山に可愛がられて、まあまあた此様に幸福に生れた娘が　世にめったに無いと、私、娘から手紙貰う時にいつもいつも神に感謝して居ります。皆様に長い事、種々と沢山に御世話に預り、如何にして御恩返しを出来るでせうと心配を致したり、せめて幸恵、元の丈夫な体ならば、その体を働かせて、先生に奥様へでも何か御手伝へをと思いましたが、後がかへって万事先生方より、そんな沢山にお世話にばっかり相成り、また此度心臓の方大へん悪いその節、先生奥様からお手厚い看護をして戴き、おかげ様にて誠に楽々居る様子、私は本当に何と言ふて御礼を申上る言葉御座いません程思います。誠にありがとう御座います。おかげ様にて博士にも見て戴きました由、嬉しく思います。御医者さま何と仰ったでしょう、幸恵は一生治りませんで、時々あのように苦しむのでせうか。私、本当に心配して如何したら好いでせうと、いつも一人苦しんで居ります。彼世から彼女の運命とあきらめたり、又どうして最っと最っと丈夫にしてほしいと思ったり、いつまで御世話にぱかり、本当にありがとうございます。今北海道へ帰らせたならば、ながい旅行あぶないでせうと、それも気がかり。
先生のおかげ様にて、幸恵は立派な東京も見物志たり、大満足でせう。いろいろお世話になります。その上に、いつもお金も沢山に恵まれました様子、重ね々々ありがとうご座います。先達、ぼっちゃんも大けがいたしたり、先生もいろいろと御心配ひ遊ます。その上、又、幸恵も悪い時に御心配かけます。本当に本当にご願い申上げます。あつく御れい申上げます。何卒丁度好い気候之時に幸恵帰る様に先生見てやって□□ます様に御願ひ申上げます。その時も矢張り幸恵の元気心にまかせる事でせうね。何だかさっぱり私の手紙、意味もお分かりに成りませんかも知りません。何卒宜敷お願い申上げます。先生と奥様の御恩は一生御忘れ申ませんです。是にて左様なら。誠におそれ入りますが、別箋、幸恵に。

八月十三日

金成まつ

先生様

奥様

資料14-1《知里幸恵発信手紙一覧》注、＊印は葉書、年代は大正

番号	発信地	年月日	着信地	宛先名	備考
Ｙ１	旭川	05・10・?	登別	高吉・浪子	高等科１年
Ｙ２	旭川	06・04・01	登別	高吉	女子職業合格
Ｙ３	旭川	06・04・01	登別	高吉・浪子	戸籍謄本
Ｙ４	旭川	07・05・?	登別	高吉・浪子	学校の様子など
					ナミ→マツ＊　07・07・30
					幸恵宛←本間重　09・05・03
Ｙ５	旭川	09・05・17	登別	浪子	バチラーのことなど
					幸恵宛←村井曾太郎＊　09・05・21
Ｙ６	旭川	09・06・24	東京	金田一京助＊	小包、ノートなど
Ｙ７	旭川	09・09・08	東京	金田一京助＊	３人の病気など
Ｙ８	旭川	10・06・17	東京	金田一京助＊	ウタリグス送る
					幸恵宛←村井曾太郎＊　11・01・08
Ｙ９	登別	11・04・09	登別	高吉・浪子	上京の賛同要請
Ｙ10	登別	11・05・17	登別	高吉・浪子	東京までの旅報告
Ｙ11	登別	11・06・09	登別	高吉	コタンピラの筆録など
Ｙ12	登別	11・07・04	登別	高吉・浪子	春彦が井戸に落ちる
Ｙ13	登別	11・07・17	登別	高吉・浪子	岡村千秋のことなど
Ｙ14	登別	11・08・01	登別	高吉・浪子	みいちゃん自殺など
Ｙ15	登別	11・05・?	名寄	伊東元子＊	カタカナ
					マツ→金田一　11・08・13
Ｙ16	登別	11・09・04	名寄	高吉・浪子	25日帰郷予定など
Ｙ17	登別	11・09・14	名寄	高吉・浪子	結婚不可診断など

資料 14-2 《金田一から幸恵あて手紙一覧》 年代は大正

注、「連名宛」は「金成まつ様・知里幸恵様」

他は「金成まつ方、知里幸恵様」

番号	年月日	メモ	備考
K1	07/06/15	絵葉書	
K2	07/09/12	絵葉書（東京名所）	
K3	09/01/01	賀状（連名宛）	
K4	09/03/?	絵葉書（K4～6は東京風景セット）	
K5	09/04/05	絵葉書	
K6	09/06/17	絵葉書	
K7	09/10/11	絵葉書	
K8	09/11/15	官製葉書（連名宛）	
K9	09/11/21	絵葉書	
K10	10/01/10	官製葉書	
K11	10/04/24	絵葉書	
K12	10/05/20	絵葉書	
K13	10/05/29	絵葉書	
K14	10/08/07	絵葉書	
K15	10/08/07	絵葉書	
K16	10/09/23	絵葉書	
K17	10/09/23	絵葉書	
K18	10/10/17	絵葉書	
K19	10/12/21	官製葉書	
K20	11/01/01	賀状	
K21	11/01~02	官製葉書	
K22	09or10後半	官製葉書	

資料15　知里幸恵年譜

年号	幸恵年齢	事　　項	備考(同居期間)
1824(文政7)		喜蔵生	
1845(弘化2)		恵里雄生	
1848(嘉永1)		モナシノウク生	
1851(嘉永4)		波ヱ登生	
1853(嘉永6)		加之生	
1875(明治8)		マツ生	
1879(明12)		ナミ生	
1884(明17)		高吉生	
1899(明32)		マツ・ナミ平取の伝道所に赴任. 伝道看護婦ブライアントの補助.	両親 モナシノウク
1901(明34)			
1902(明35)		4月知里高吉・ナミ結婚.	
1903(明36)	0	1月15日幸恵誕生.	
1904(明37)	1	父高吉出征.	
1905(明38)	2	高吉帰国.	
1906(明39)	3	6月高吉鉄砲で過失傷害事件	
1907(明40)	4	4月15日,高央誕生.	
1909(明42)	6	2月24日、真志保誕生. 5月,マツ旭川近文伝道所へ赴任.	マツ
1910(明43)	7	4月,幸恵旭川の上川第三尋常小学校入学.9月,上川第五尋常小学校開校,幸恵ら移校.	
1915(大4)	12	4月,真志保登別尋常高等小学校入学.	
1916(大5)	13	3月,旭川庁立高女受験不合格. 4月,上川尋常高等小学校入学.	
1917(大6)	14	4月,区立女子職業学校入学.	
1918(大7)	15	夏,金田一マツを訪ねる,「近文の一夜」.8月,2年ぶりの帰省.	
1919(大8)	16	後半から身体の不調.年末からローマ字独習.	

1920(大9)	17	3月,女子職業学校卒業.4月帰省.帰途札幌のバチラー宅にて心霊術治療.6月,金田一よりノート(K6).11月15日,金田一から質問葉書(K8).12月,「此の砂赤い赤い」原稿（後に旭川博物館蔵）を金田一に送る	
1921(大10)	18	1月10日,金田一より葉書(K10).4月,真志保北門尋常高等小学校入学.4月23日,最初の「アイヌ語筆記」ノート(K11).9月23日,2回目のノート送る(K17).10月17日,金田一より葉書(K18)	
1922(大11)	19	1月初め,名寄の村井宅に滞在.1〜2月,上京打ち合わせの葉書(K21).3月初め,曾太郎と仮祝言.4月28日,登別へ.5月11日夕方,登別出発.13日早朝,上野駅着.5月末,コタンピラのユーカラ筆録.7月末から徐々に衰弱.28日以降日記記入なし.8月21日以降出納簿,発・受信簿記入なし.9月13日,渋沢敬三タイプ原稿持参,幸恵,校正始める.9月18日宵,『アイヌ神謡集』校正終了後,体調急変,死亡.雑司ヶ谷霊園に埋葬.	モナシノウク　マツ
1823(大12)		8月,『アイヌ神謡集』出版.	
1931(昭6)		7月,モナシノウク死去83歳.	
1961(昭36)		4月6日,マツ死去86歳.6月9日,真志保死去52歳.10月30日,高央死去,77歳.	
1964(昭39)		5月30日,ナミ死去85歳.	
1971(昭46)		11月14日,金田一京助死去89歳.	
1974(昭49)		4月,幸恵ノート北海道道立図書館へ.12月,マツノート二風谷アイヌ資料館へ.	
1975(昭50)		9月,幸恵の墓,登別に改葬.	
1990(平2)		6月,旭川に幸恵文学碑建立.	
2003(平15)		知里幸恵生誕100年,『アイヌ神謡集』刊行80年.	

知里幸恵《ちりゆきえ》——十七歳のウエペケレ

著　者——藤本英夫　Hideo Hujimoto ©
一九二七年北海道天塩生まれ。一九五〇年北海道大学卒業。
著書『アイヌの国から』『知里真志保の生涯』（ともに草風館）
『金田一京助』（新潮社）『泉靖一伝』（平凡社）等。

発行日——二〇〇二年一〇月二一日第一刷
二〇二二年一月二五日第二刷

発行者——内川千裕

発行所——株式会社　**草風館**
千葉県浦安市入船三—八—一〇一

装丁者——秋元智子

印刷所——株式会社　シナノ

ISBN4-88323-128-3

Co.,Sofukan　〒279-0012
tel/fax 047-723-1688
e-mail:info@sofukan.co.jp
http://www.sofukan.co.jp

●アイヌ遺稿集●

沙流川《さるがわ》

●鳩沢佐美夫遺稿

鳩沢佐美夫著

四六判95

4-88323-081-3

アイヌ問題を独り告発し続けた孤高の魂！北海道日高を流れる沙流川のほとりでアイヌ問題を鋭く凝視、三六歳で夭逝した未完のアイヌ作家の作品集。

証しの空文・遠い足音・対談・日記等

本体　２４２７円

チャランケ

●結城庄司遺稿

結城庄司著

四六判97

4-88323-096-1

アイヌ民族解放運動の先駆者の軌跡―苫小牧差別裁判糾弾闘争、北大経済学部差別講義に対する越冬闘争などアイヌ民族への偏見・差別に対する果敢な闘い、志半ばに倒れた無念の記録

本体 2000円

●アイヌ遺稿集●